子ども・保護者にしっかり伝わる

通知表所見文例と書き方

梶田叡一 [監修]

古川治・陸奥田維彦 [編著]

小学校
中学年

学陽書房

はじめに

　通知表は、学校と家庭を結ぶ大事なメッセージ・メディアです。教師が保護者に、子どもの学校でのがんばりの様子を伝え、そこから新たな対話と相互協力を始める、という大事なコミュニケーション・ツールです。念には念を入れて記入していきたいと思います。

　教師も保護者も、それぞれ固有の願いを持っています。教師は自分の願いに照らして一人一人の子どものがんばりの経過を確認し、そこでの成長を評価し、そして次のステップに向けての課題は何かを示していきます。それを保護者は自分自身の願いのもとで受け止め、場合によっては教師と話し合い、子どもにどう対していけばいいか、気持ちを整理することになります。当然のことながら、子ども本人は、その過程で、教師からと保護者からの指導助言をいろいろと受けることになります。

　こうした過程を通るわけですから、教師からのメッセージは一方的なものになってはいけません。また教師からのコミュニケーションには、子どもを見ていく場合の基本視点や暗黙の基準なども含まれていなくてはなりません。通知表に記入する所見など文章表現の部分には、特にそうした配慮が、簡単な言葉のように見えながらも如実に含まれていなくてはならないでしょう。

　本書は、「通知表が教育の一環としてもつ大事な機能を十分に果たしていけるように、教師の方々の参考になるところをできるだけ多く盛り込みたい」という願いのもとに制作されました。お気づきの点などありましたら、私どもにお知らせいただければ幸いです。

　最後になりましたが、時代の進展とともに、我々の目の前に居る子どもが未来の社会で心豊かにたくましくやっていけるよう教育していくための課題が、困難の度合いを増しているように思われてなりません。教師にとっても、保護者にとっても、教育上直面する課題が複雑多岐にわ

たり、ときには大変な苦労を覚悟しなくてはならないものになってきていることを痛感します。だからこそ一人一人の教師が孤立することなく、教育界の多くの仲間たちと手を取り合い、助け合いながら直面する課題に向き合っていかなくてはならないのではないでしょうか。こうした中で、教育界の先達が準備してくれた本書をはじめとする多様な実践参考書の担う意義は、ますます大きくなってきているのではないかと考えています。

　本書を一人でも多くの教師の方々に有効活用していただくことを心から願っています。

　本書を刊行するにあたり、学陽書房編集部の村上広大さん、福井香織さんをはじめとする方々には多大なお世話になりました。ここに記して深い謝意を表したいと思います。

2019（令和元）年 11 月

梶田叡一

CONTENTS

第1章 通知表の機能と所見文のポイント

1 新しい学習評価 ―― 12
2 通知表の機能と所見文 ―― 17
3 所見文のポイント ―― 20
4 所見文で避けたい表現 ―― 27
5 小学3年生の特徴と所見文 ―― 35
6 小学4年生の特徴と所見文 ―― 37

第2章 学びの姿（学力面）の所見文例

1 知識・技能
  ❶ 各教科で身に付けるべき知識を習得していた子 ―― 40
  ❷ 各教科で身に付けるべき技能を習得していた子 ―― 42

❸ 授業のポイントをつかみ、内容を正確に理解していた子 ——— **44**

❹ わからないことがあれば質問し、理解を確実なものにしていた子 —— **46**

❺ 目的をもって、反復練習に取り組んでいた子 ————————— **48**

❻ 自分なりに工夫してわかりやすいノートを作っていた子 ———— **50**

❼ 自分の考えを絵・図・表・グラフ等に整理することができていた子 — **52**

❽ 目的に応じてICT機器等を上手に活用し、
調べることができていた子 ————————————————— **54**

❾ 既習事項や既有の知識・技能を関連付けて理解していた子 ———— **56**

❿ 習得した知識・技能を他の学習や生活場面でも活用できていた子 — **58**

② 思考・判断・表現

❶ 根拠ある予想や仮説を発想し、問題解決していた子 —————— **60**

❷ 見通しをもって、筋道を立てて考えていた（説明していた）子 ——— **62**

❸ 身に付けた知識や技能を活用して考え判断し、
課題を解決していた子 ———————————————————— **64**

❹ 理由や根拠を明らかにして、相手を意識しながら
自分の考えを発言できていた子 ————————————————— **66**

❺ 図・表・グラフ・資料等を使って、適切に判断したり
わかりやすく発表したりできていた子 —————————————— **68**

❻ 対話を通して、自分の思いや考えを広げたり深めたりしていた子 — **70**

❼ 自分の考えとの共通点や相違点に気づくことができていた子 ——— **72**

❽ 学び合いを通して、多様な意見をつなげて考えられる子 ———— **74**

❾ 物事を多面的に捉えることができていた子 ————————— **76**

❿ 学習したことを自分の生活と関連付けて考えていた子 ———— **78**

⓫ 多様な情報を比べて分析し、
きまりや法則性等を考えることができていた子 —————————— **80**

⓬ 学習課題に応じたまとめを考え、自分の言葉で表現していた子 ——— **82**

5

③ 主体的に学習に取り組む態度

❶ 自分で学習課題（めあて）を設定できていた子 ——————— 84

❷ 見通しをもって進め、学習方略を見直そうとしていた子 ——————— 86

❸ 学習課題（めあて）に向かって解決しようとしていた子 ——————— 88

❹ 自分事として学習に主体的に取り組んでいた子 ——————— 90

❺ 試行錯誤しながら学習方法を
　自己調整して工夫して取り組んでいた子 ——————— 92

❻ 最後まであきらめずに取り組み、十分に学習成果を上げていた子 —— 94

❼ 苦手なことにも目標をもって挑戦していた子 ——————— 96

❽ 友だちがわかるまで粘り強く考えを説明していた子 ——————— 98

❾ 対話を通して、自分の考えを広げたり深めたりしていた子 ——————— 100

❿ 学び合いのよさを実感し、
　主体的に他者と関わりながら課題を解決しようとしていた子 ——————— 102

⓫ 学んだことを学習や生活に生かそうとしていた子 ——————— 104

⓬ 単元・題材を通して、どんな力を身に付けるのか
　見通しをもてていた子 ——————— 106

⓭ この時間でどんな力を身に付けたのか
　振り返ることができていた子 ——————— 108

⓮ 学習方法を振り返り、よりよい学習方法のあり方を
　考えることができていた子 ——————— 110

第3章 「特別の教科 道徳」の所見文例

1. 「特別の教科 道徳」の評価の考え方 ―― 114

2. 一面的な見方から多面的・多角的な見方へ発展している
   ❶ 道徳的価値に関わる問題に対する判断の根拠や心情を様々な視点から捉え、考えようとしていること ―― 116
   ❷ 自分と違う立場や感じ方、考え方を理解しようとしていること ―― 118
   ❸ 複数の道徳的価値の対立が生じる場面において取り得る行動を多面的・多角的に考えようとしていること ―― 120

3. 道徳的価値の理解を自分自身との関わりの中で深めている
   ❶ 登場人物に自分を置き換えて考え、理解しようとしていること ―― 122
   ❷ 自分自身を振り返り、自らの行動や考えを見直していること ―― 124
   ❸ 道徳的な問題に対して自己の取り得る行動を他者と議論する中で、道徳的価値の理解をさらに深めていること ―― 126
   ❹ 道徳的価値を実現することの難しさを自分のこととして考えようとしていること ―― 128

第4章 育ちの姿（生活面）の所見文例

1 基本的な生活習慣

- ❶ 心の込もったあいさつや丁寧な言葉づかいができる子 ─── 132
- ❷ 時間やきまりを守って落ち着いた生活を送っている子 ─── 133
- ❸ 整理・整頓がしっかりとできる子 ─── 134
- ❹ 持ち物を大切にする子 ─── 135

2 健康・体力の向上

- ❶ 積極的に運動に取り組む子 ─── 136
- ❷ 運動する習慣を身に付けている子 ─── 137
- ❸ 自分の健康について気をつけることができる子 ─── 138
- ❹ けがに気をつけて元気に活動できる子 ─── 139

3 自主・自律

- ❶ よいと思うことは進んで行うことができる子 ─── 140
- ❷ 状況に応じた判断ができる子 ─── 141
- ❸ 目標に向かって計画的に最後まで努力する子 ─── 142
- ❹ クラス行事に積極的に取り組む子 ─── 143

④ 責任感

❶ 係や当番の仕事を最後までやりとげる子 ——————— 144

❷ リーダーシップがあり、友だちから頼りにされている子 ——— 145

❸ 提出物などの提出期限を守る子 ———————————— 146

❹ 教師が見ていなくても、自分の役割を着実に果たす子 ——— 147

⑤ 創意工夫

❶ 発想が豊かで柔軟な子 ——————————————— 148

❷ クラスや係活動等をよりよくする改善や提案ができる子 —— 149

❸ 学習したことを生活に生かそうとする子 ———————— 150

❹ 自分に合った方法を見つけ出すことができる子 —————— 151

⑥ 思いやり・協力

❶ 男女の区別なく、友だちと協力し合って活動する子 ———— 152

❷ みんなのことを考えながら進んで活動している子 ————— 153

❸ 相手の立場に立って考えることができる子 ——————— 154

❹ 困っていたり一人で過ごしていたりする友だちに
やさしく声をかけられる子 ———————————————— 155

⑦ 生命尊重・自然愛護

❶ 自然・動植物に対する関心が高く、自ら関わろうとする子 — 156

❷ 動植物の命を大切にし、進んで世話ができる子 —————— 157

❸ 自分の誕生に感謝し、生きる喜びと命を大切にしている子 — 158

❹ 年下の子どもやお年寄りにやさしく接することができる子 — 159

8 勤労・奉仕

❶ 働くことの大切さを知り、一生懸命取り組んでいる子 —————— 160

❷ 人の嫌がるような仕事でも進んで行っている子 —————— 161

❸ 黙って人のために行動できる子 —————— 162

❹ 自分の仕事だけでなく、進んで友だちの仕事を手伝っている子 —— 163

9 公正・公平

❶ 一方の意見にとらわれず、落ち着いて判断ができる子 —————— 164

❷ 仲間はずれやいじめを許さない子 —————— 165

❸ 自分に悪いところがあれば素直に認め、改めようとする子 ———— 166

❹ 自分の考えと違っても決まった意見に従うことができる子 ———— 167

10 公共心・公徳心

❶ 人に迷惑をかけないように約束やきまりを守って生活できる子 —— 168

❷ 友だちにもきまりを守るように呼びかける子 —————— 169

❸ 校外学習や遠足などで公共のマナーをわきまえて行動している子 — 170

❹ 国や郷土の文化を大切にし、愛する心をもつ子 —————— 171

＊本書記載の所見文は、下記を示します。
　○……優れていた姿　△……努力してほしい姿

・第**1**章・

通知表の機能と
所見文のポイント

1 新しい学習評価

1 学習評価の基本的な考え方

2019(平成31)年3月、文部科学省から新しい学習評価と指導要録に関する通知が出されました。これは、2017(平成29)年3月に文部科学省から告示された新学習指導要領に基づくものです。ここで、新しい学習評価についておさらいしておきましょう。

学習評価は、学校における教育活動に関し、児童生徒の学習状況を評価するものです。

「学習指導」と「学習評価」は学校の教育活動の根幹であり、教育課程に基づいて組織的かつ計画的に教育活動の質の向上を図る「カリキュラム・マネジメント」の中核的な役割を担っています。

また、指導と評価の一体化を図るためには、児童生徒一人一人の学習の成立を促すための評価という視点を一層重視することによって、教師が自らの指導のねらいに応じて授業の中での児童生徒の学びを振り返り、学習や指導の改善に生かしていくというサイクルが大切です。

つまり、新学習指導要領で重視している「主体的・対話的で深い学び」の視点からの授業改善を通して各教科等における資質・能力を確実に育成する上で、学習評価は重要な役割を担っています。

2 観点に整理された観点別評価

新学習指導要領では、各教科等の目標や内容を「知識及び技能」「思考力、判断力、表現力等」「学びに向かう力、人間性等」の資質・能力の三つの柱で再整理しました。

これに対応して、学習状況を分析的に捉える観点別学習状況の評価の観点については、「知識・技能」「思考・判断・表現」「主体的に学習に取り組む態度」の三つの観点に整理されています。

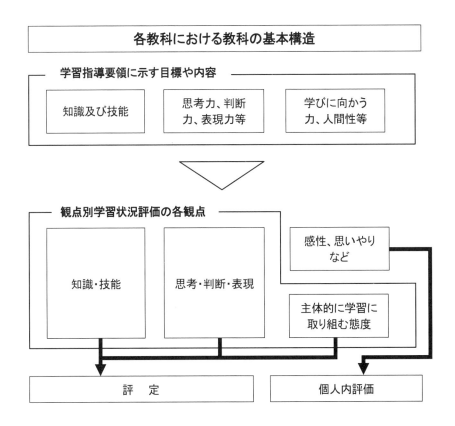

　留意すべきなのは、新学習指導要領における資質・能力の柱である「学びに向かう力、人間性等」については、観点別評価になじまない、感性や思いやりなど幅広いものが含まれることから、評価の観点としては、学校教育法に示された「主体的に学習に取り組む態度」として設定している点です。
　この「主体的に学習に取り組む態度」と「学びに向かう力、人間性等」の関係については、「学びに向かう力、人間性等」には、①「主体的に学

習に取り組む態度」として観点別学習状況の評価を通じて見取ることができる部分と、②観点別評価や評定にはなじまず、こうした評価では示しきれないことから個人内評価を通じて見取る部分があるとしています。

3 観点別評価の具体的な方法

❶ 観点別評価と評定の取扱い

　観点別評価の段階及び表示方法については、これまでと同様に3段階（ABC）とすることが適当と据え置かれました。

　その上で、各教科における評価の基本構造は、①「学習状況を分析的に捉える観点別学習状況の評価」と、②「これらを総括的に捉える評定」の両方で捉え、観点別学習状況の評価や評定には示しきれない児童生徒一人一人のよい点や可能性、進歩の状況については、個人内評価として実施するものとされています。

❷ 「知識・技能」の評価

　各教科等における学習の過程を通した知識及び技能の習得状況について評価を行うとともに、それらを既有の知識及び技能と関連付けたり活用したりする中で、他の学習や生活の場面でも活用できる程度に概念等を理解したり、技能を習得したりしているかについて評価します。

　具体的な評価方法としては、ペーパーテストにおいて、事実的な知識の習得を問う問題と、知識の概念的な理解を問う問題とのバランスに配慮するなどの工夫改善を図るとともに、例えば、児童生徒が文章による説明をしたり、各教科等の内容の特質に応じて、観察・実験をしたり、式やグラフで表現したりするなど実際に知識や技能を用いる場面を設けるなど、多様な方法を適切に取り入れていくことが考えられます。

❸ 「思考・判断・表現」の評価

　各教科等の知識及び技能を活用して課題を解決する等のために必要な

思考力、判断力、表現力等を身に付けているかどうかを評価します。

　具体的な評価方法としては、ペーパーテストのみならず、論述やレポートの作成、発表、グループでの話し合い、作品の制作や表現等の多様な活動を取り入れたり、それらを集めたポートフォリオを活用したりするなど評価方法を工夫することが考えられます。

❹「主体的に学習に取り組む態度」の評価

　挙手の回数や積極的な発言、毎時間ノートをとっているなど、単に継続的な行動や性格、行動面の傾向を評価するということではなく、各教科等の「主体的に学習に取り組む態度」に係る評価の観点の趣旨に照らして、粘り強く知識及び技能を獲得したり、思考力、判断力、表現力等を身に付けたりするために、自らの学習状況を把握し、学習の進め方について試行錯誤するなど自らの学習を調整しながら、学ぼうとしているかどうかという意思的な側面を評価します。

　つまり、自己の感情や行動を統制する能力、自らの思考の過程等を客観的に捉える力（いわゆるメタ認知）など、学習に関する自己調整にかかわるスキルなどが重視されていることにも留意する必要があり、単に粘り強く取り組んでいるという態度の評価だけではありません。

　具体的な評価の方法としては、ノートやレポート等における記述、授業中の発言、教師による行動観察や、児童生徒による自己評価や相互評価等の状況を教師が評価を行う際に考慮する材料の一つとして用いることなどが考えられます。

　その際、各教科等の特質に応じて、児童生徒の発達の段階や一人一人の個性を十分に考慮しながら、「知識・技能」や「思考・判断・表現」の観点の状況をふまえた上で、評価を行う必要があります。

4 ▶ 指導要録の改善

　教師の勤務負担軽減の観点から、指導要録における「指導に関する記録」欄の「総合所見及び指導上参考となる諸事項」については、要点を箇

条書きにするなど端的に記述することとされました。

　また、域内の学校が定めるいわゆる通知表の記載事項が、当該学校の設置者（教育委員会）が様式を定める指導要録の「指導に関する記録」に記載する事項をすべて満たす場合には、設置者の判断により、「指導要録の様式を通知表の様式と共通のものとすること」が可能であるとされました。

参考）

・文部科学省「小学校、中学校、高等学校及び特別支援学校等における児童生徒の学習評価及び指導要録の改善等について（通知）」（30文科初第1845号、平成31年3月29日）
・文部科学省　国立教育政策研究所教育課程研究センター「学習評価の在り方ハンドブック」
・中央教育審議会初等中等教育分科会教育課程部会「児童生徒の学習評価の在り方について（報告）」（平成31年1月21日）

通知表の機能と所見文

1 通知表の機能と役割

　通知表における評価は、学期のまとめの評価であり、子どもの「学び」と「育ち」の結果を総括化する「総括的評価」です。
　したがって、通知表の機能は、その総括的評価の一翼を担うものとして、子どもたち一人一人の学期、あるいは学年における教育課程の確認といえます。
　また、子どもと保護者に対し、学校としての評価結果を知らせることによって、その努力と成果を共有するとともに、今後より一層の努力を促すきっかけとしてもらうことで、家庭と学校の教育的関連性を密接にしていくものです。
　通知表は、総括的評価を通知する機能とともに、その通知による学校（教師）と子ども・家庭（保護者）間の双方向のコミュニケーション機能が重視されるようになってきています。

2 コミュニケーション機能として

　教師からのコメントや文章が充実している通知表は、子ども及び保護者とのコミュニケーションが充実した通知表です。明確な評価規準に基づいて、子どもの学習成果をきちんと評価していかなくてはなりません。
　また、学習成果の評価だけではなく、それと同時に、性格・行動の様子や記録、あるいは特別活動や学校生活に関する評価も求められます。
　それぞれの学校における教育目標や学校経営の重点をふまえて、学校生活においての一人一人のがんばりの様子をきめ細かく見ていき、常日

頃からメモをとるなどして、通知表での評価や所見文に反映させていくことが大切です。

3 保護者の価値観の多様化

　現代の若い保護者の家庭環境は多様で、それに伴い、「子育て観」も多様化しています。

　ある調査によれば、保護者が子どもに期待する価値観の優先順位は、かつての祖父母の時代の価値観と、現在の価値観とでは次のように変化しています。

〈祖父母時代〉
①「人に迷惑をかけない」
②「あいさつや行儀作法ができる」
③「保護者や先生など目上の人を尊敬する」
④「家の手伝いをする」
⑤「自分のことは自分でできる」

〈現在〉
①「親子のコミュニケーションがとれる」
②「親子のふれあい」
③「思いやり・やさしさ」
④「自分の気持ちを言える」
⑤「友だちと遊べる」

　このような優先順位の転換は、昨今の教育問題に大きく反映しています。学校でもこうした変化を理解して、一人一人の子どもの指導にあたることが大切です。

4 保護者の理解と協力を得るために

担任の教師は、あらかじめ学級懇談会・家庭訪問・個人懇談会などを通して、日頃から保護者との関係づくりに努める必要があります。

その過程をふまえた上で、保護者が「我が子をよく見てくれている」と思うような、子どもに対する「認め」と「指針」と「励まし」のある心の込もった説得力のある所見文に仕上げましょう。

また、いずれの保護者も「我が子にはすくすく伸びてほしい、幸せになってほしい」という思いから、つい「過保護」「過干渉」となってしまいがちです。こうした点を考慮した上で、子どものよい点を認め励まし、学校と家庭が手を携えて協力していくことは、子どもたちの成長にとって大切です。そして、その両者を結ぶパイプ役が通知表といえます。

5 質問・クレームに備えるために

通常、通知表の成績及び所見文は、転記ミス、誤字脱字以外に訂正することはありません。

しかし、最近は「うちの子は国語のテストで80点とっているのに、どうして『漢字の練習をしっかりしましょう』と書かれるのですか」「去年の先生からは問題のない子だと評価されていましたのに」などの質問・クレームが出されることがしばしばあります。

近年では、保護者からの成績訂正要求が増加したため、事前の懇談会の席上で、通知表の成績を見せて、保護者からのクレームが出ないように対応する学校が各地で見られるようになりました。

したがって、教師側も質問・クレームがあるものだとして、あらかじめ「授業態度」や「身辺の整理・整頓」等の観察記録、「ノート」「作文」や「宿題」「提出物」「子ども自身の自己評価カード」の記録などをとっておく必要があります。保護者には、それらを用いて日頃の補助簿や座席表メモの記録を根拠に説明し、納得してもらえるような準備を怠らないようにすることも大切な心構えです。

第1章 通知表の機能と所見文のポイント　19

3 所見文のポイント

1 子どもの成長とがんばりを認め報告する

　通知表は、各学期に一度、子どもや保護者に向けた「成長・がんばりの記録」です。所見文は、その記録についての共通理解を深め、今後の子どもへの支援・援助、指導へとつなげていくものにしなければなりません。そのためにも、できるようになった点を先（前）に書き、できない点や短所等は後に書くようにすることが望ましいといえます。

　子どものできない点や短所は印象深く残るものです。しかし、そうであっても「できるようになった点」に目を向けて、それを先にほめることで、やる気を引き出すことが大切です。

　どの子どもにも、よい点・すぐれた点は必ずあります。まずは、子どもを認めていくことにより、「自分もやればできる」という自尊感情を育てることができます。

　ただし、自尊心の高い子どもには「ほめ言葉」は達成感をもつことができた場面に絞り込み、少し高めの目標を次のハードルとして示したいところです。

　また、ほめる点の少ない子どもには、「先生もうれしいです」と教師の率直な気持ちを込めた表現で文にするとよいでしょう。

　子どもはほめられるとうれしいものです。しかし、過大に「あなたには無限の可能性がある」式のほめ言葉は、おべんちゃらに映りかねません。「よく努力したね」「いつもよくがんばりましたね」など、ほめることによってその子が少し胸を張り、自信（効力感・有能感）をもつようになれば、さらにやる気を引き出すことができるでしょう。

2 子どもの長所を見つけるポイント

　しかし、子どもの短所はすぐに言えても、よいところを言うのはなかなか難しいものです。すらすら所見が書ける子どももいれば、反対に何も書けそうにない印象の薄い子どももいます。

　子どもをほめることが苦手な教師は、無意識的に「よい子」「できる子」「頭がよい子」「がんばった子」などの基準しかもっていないという傾向があります。その本人の長所を具体的な活動から見取って、評価する（ほめる）という感覚に乏しいのです。

　具体的な活動から見取る長所とは、何かが「できた」というだけではなく、例えば以下のようなことも長所にあげられます。

- ・明るい
- ・几帳面である
- ・あきらめない
- ・世話好き
- ・独立心がある
- ・がまん強い
- ・よく働く
- ・正義感がある
- ・文句を言わない
- ・注意深い
- ・協調性がある
- ・くよくよしない
- ・よく考える
- ・誠実である
- ・よく気がつく
- ・勤勉である
- ・粘り強い
- ・人に親切である

　このように、子どもの長所を見取る視点はいくらでもあります。

3 周りの人から聞き取れる子どもの姿

　また、子どものよい点に担任の教師が気づけていないだけ、ということも大いにあり得ます。

　その自覚があれば、校長、教頭、養護教諭、図書館の教師、給食の調理員さん、校務員さんなどに聞いてみるのもよいでしょう。

　「登校の際、いつも１年生の手をつないでくれている」「毎朝、校門に立っている教頭先生に元気よくあいさつしている」「給食当番の後片付けをちゃんとやっている」等々、担任が見えていない子どもの姿を知る

こともできます。

　こうした姿を所見に書き、来学期もこのような姿勢を続けてほしい、という教師の願いを示すとよいでしょう。

4　どうしても長所が見つけられない子どもへは？

　それでも、どうしても長所が見つけられない子どもがいるとしたら、例えば次のように捉えるとよいでしょう。

例）１学期の段階で、「やんちゃ」「おっちょこちょい」「５分たつと集中できない」「落ち着いて取り組めない」といったことばかりが目についた子どもの場合

　「元気で活発に授業に参加することができますが、集中力が続かないときもあります。どの授業でも、積極的な態度で根気強く集中して取り組めるように指導しています。」

　このように、よい面である活発さと、もう一歩の面である根気強さの両面を示し、それに対する指導・支援を続けていく教師の方針と意思とを表現しましょう。

　また、「何を書こうか困ったな、成長した点が何もないな」という場合には、「○○しかできない子」として見るのではなく、まず「○○はできる（例：かけ算の九九ならできる）」ということを探すようにしなければなりません。

　「かけ算の九九ができるようになりました。がんばりましたね。次は○○をやってみたらどうでしょう。」

　といった表現に、

　「あなたならできますよ。」

　「必ずできるようになりますよ。」

　「これからの努力に期待しています。」

「この調子で努力を続けることを願っています。」

といった言葉を添えることで、一つでもよい点・できる点をほめると同時に、次学期に向けた意欲への橋渡しにすることが大切です。

その上で、2学期の評価では、

「算数の自信が国語にも発展し、教科書をすらすら読めるようになりました。」

さらに3学期には、

「この1年間で日増しに学習意欲が高まり、学習習慣も身に付き、好きな教科では予習もするようになりました。」

と書くことができれば、子ども本人も、保護者も成長を感じられる通知表となっていくでしょう。

5 短所や欠点を指摘するときの表現

ときには児童の努力を要する点など、その後の指導において特に配慮を必要とする事項の記載も必要となってきます。

その際には、思いつきや恣意的な記述など、客観性や信頼性を欠く内容とならないように注意しなければなりません。また、否定的な表現で締めくくるのは避けるようにし、率直に「教師の願い」「方針」を込めた「肯定的な文」に変えて伝えていきたいものです。

× 授業中、途中から飽きてしまうのか、私語をしている姿が目立つように思います。周りの友だちの学習の妨げとなっており、迷惑をかけているようですので気をつけてほしいものです。

↓

○ 意欲的に授業に参加しますが、途中から飽きて私語をしてしまうときもあります。学習に集中できるようになれば理解がさらに深まりますので、意欲的な面を伸ばし、根気強さを養うように指導をしていきます。

第1章　通知表の機能と所見文のポイント　23

6 段階的に1年の成長期間を見通して評価する

　子どもたちの学習や生活の変化や成長の様子も、3か月程度で違った姿を見せるものです。

　竹の節のように1年間を三つに分けることは、子どもの取組みの過程や育ちの中間的総括としての「とりあえず」の評価期間としては適当な期間であるともいえます。

　2学期制を導入している場合でも、3学期制の視点を所見文に生かすことは非常に重要です。

〈1学期〉

　一人一人の子どもたちの特徴・資質・学級での友人関係、家庭での習い事、伸ばしてあげたいよいところ、すぐれている点などを冷静に見取ることに重点を置きましょう。前年度の指導要録の記録や前担任などからも子どもたちの様子・課題は引き継いでおくことが重要です。その上で伸ばしたい点や課題については、1年をかけて成長してほしい姿として子ども自身に伝えましょう。

〈2学期〉

　学級の人間関係も安定し学習以外の運動会、遠足、学習発表会、音楽会などの行事での集団活動が活発化します。それらの活動の中で、努力してできるようになって友だちから認められた点、友だちと協力してできるようになった成長の成果を見取るようにします。特に、学校生活が中心となる2学期ならではの成長やがんばりを認めましょう。

〈3学期〉

　1年間の仕上げの学期ですから、教師が年度始めに子どもたちに呼びかけて作り上げた「学級目標」に照らして、一人一人の子どもたちが自分の目標を基準としてどれくらいがんばり、成長したかを成果として評価しましょう。ただし、次学年に残した課題については、子ども・保護

者に示しておく必要があります。

7 他の子と比較せずその子自身の成長・発達を見取る

　1年間の努力や伸びは学級の子どもたちの間では、個人差が大きく見られます。「かけ算の九九についてはクラスでトップ」になった子どもに対しては、ときには「クラスで一番」という相対評価による評価が子どもにとっての「過信」ではなく、「自信」につながるなら表現してもよい場合もあります。

　しかし、例えば「鉄棒の逆上がり」などの場合、クラスの相対評価ではあまりすぐれていないものの、その子なりにコツコツ努力し、自分なりに「できる」という効力感をもつことができたとします。そのような場合には、その努力を「進歩した」という向上の姿として、子どもや保護者にぜひ文章にして伝えましょう。

　その子が「1学期から見たらどうだろうか」「他の点から見たらどの点が一番すぐれているだろうか」とその子自身を基準に評価する「個人内評価」の視点で認めていく必要があるのです。

　的確に子どものよい点を見取ることは難しいものです。しかし、教師が子どもの小さな変化、成長に喜びを見出し、そのことを保護者にとともに喜ぼうとする気持ちが大切です。

8 「学び」と「育ち」の向上・深化を見取る評価

　学校が育てたい豊かでたくましい人間性は、「行動の記録」欄と所見文にこそ表されるものです。したがって、この欄こそ、教師は力を入れて何日もかけて苦労して書き上げます。これこそ、通知表が学力保障だけでなく、成長保障の手立てとなる所以です。

　学習面では、観点別評価の観点に従って評価します。多くの教師が、「知識・理解」は主にペーパーテストの結果から「見える学力」として評価できますが、「主体的に学習に取り組む態度」はペーパーテストでは測る

第1章　通知表の機能と所見文のポイント　25

ことができない「見えない学力」なので困る、と感じているのではないでしょうか。

　「主体的に学習に取り組む態度」は学習・生活両面の構えを作る上で大切な力です。したがって、その見取りは大切な観点です。

　例えば、「試行錯誤しながら学習方法を自己調整していた」「友だちにわかるまで考えを説明していた」「授業で疑問だった点について、図鑑などで調べている」など、子どもに顕れる兆候（シンプトム）を注意深く見れば、見取ることができます。

　その兆候は、学習面だけでなく、生活規律、特別活動における集団での役割など教育活動のあらゆる面で見取ることができます。

　それを認める言葉としては、「粘り強くがんばりました」「一生懸命にやっていました」「大変意欲的でした」「ぐんぐんやる気が出てきました」「意気込みが違ってきました」「最後まで投げ出さずやりとげることができました」などの言葉で表現しましょう。

　子どもが「わかるようになった」「覚えられた」「できるようになった」という知識・理解は、あらかじめ教師が設定した到達基準にどの程度到達したかという「目標に準拠した評価」で達成度を測るようにします。

　そして、子どもが「以前より読書をするようになった」「うさぎ小屋の世話を進んでするようになった」などの情意面における評価は「その子なり」の向上として、「向上目標」という評価基準をもとに見取っていくことが肝要です。

所見文で避けたい表現

1 保護者にわかりにくい表現

通知表の所見文では、専門的な言葉の使用や、抽象的な表現を避け、保護者にもわかりやすく教師の温かい心が伝わるような表現とする配慮が求められます。

POINT 1　教師の教育的・専門的な概念や言葉の使用を避ける

避けたい表現例

- 社会科学的な物の見方を育てます
- 社会認識力が弱いところがあります
- 数学的な思考力を養いたいです
- 問題解決的な学習態度が望まれます
- 課題解決的な学習力が必要です
- 論理的な思考力が育ってきました
- 観点別評価で見ると
- …の領域の力が備わっていません
- 自己実現する力を育てたいです
- 変容が期待されます
- 葛藤する場面があります
- 友だちとの共感的理解が望まれます

POINT 2 カタカナ表現を避ける

避けたい表現例

- ●友だちとよくトラブルを起こします
- ●モラルを守ることが必要です
- ●違ったアプローチをしています
- ●よくなっていくプロセスを大切に見ています
- ●…のニーズを大切にしています
- ●アイデンティティの確立が期待されます
- ●情報リテラシーが身に付いてきました
- ●他の子に比べて、少しユニークな面があります
- ●学習でつまずいた点をフィードバックします
- ●忘れ物が多く、少しルーズなところがあります
- ●セルフエスティームの方法を身に付けてほしい

POINT 3 つかみどころのない抽象的で 心が伝わらない表現を避ける

避けたい表現例

- ●…だと子どもたちから聞いていますが
- ●…させることが肝要です
- ●留意する点として……
- ●学校と家庭の両方からの指導で万全を期すようにしましょう
- ●…できるよう期待してやみません
- ●…する力が育つことを大いに期待しています
- ●全般に各教科において次第に向上してきました

- ●1学期の様子と変化がありません
- ●今学期の成績はいまひとつでしたが…
- ●教科により好き嫌いが激しいので…

2 断定的な「決めつけ」の表現

　担任の一方的な見方により断定的な表現は避けなければなりません。

　これまで長年手塩にかけて我が子を育ててきた保護者にしてみれば、「今年、担任しただけの先生にそこまでうちの子の性格や能力がわかるのか」という不快な思いを抱きかねません。そうなってしまうと、今後の学校と保護者の信頼関係が築きにくく、不信感や対立を生むことになるので、特に文章表現には注意してください。

　この所見文を子どもが見たら、保護者が読んだら、どう感じるかという視点で文章を見直してみましょう。また、不安なときは、他の先生に読んでもらいましょう。経験豊かな先生からは必ず有益なアドバイスがあるはずです。

POINT 4　先入観で欠点を指摘する表現は避ける

避けたい表現例

- ●短期なところがあり…
- ●少しがんこに見えます
- ●やや頼りないようです
- ●自己主張が強いようなので…
- ●音楽が嫌いなようですが…
- ●作業が雑で、作品もいい加減に仕上げます
- ●音楽や図工などの授業でも騒がしいようです
- ●授業中、私語をして迷惑をかけています

第1章　通知表の機能と所見文のポイント　29

- ●飽きっぽく授業態度に学習意欲が見えません
- ●授業中「ハイ、ハイ！」と指名するまで挙手します
- ●ノートの字が乱雑です。もう少し丁寧に書きましょう
- ●先生の話を聞いておらず、作業や宿題ができないようです
- ●調子はいいのですが…
- ●社交性がないので…
- ●責任感がないので、努力しようという姿勢が見えません
- ●内弁慶なところが見られ…
- ●教師に対して反抗的な態度が見られます
- ●体育は得意ですが、肝心の算数の理解力が…

POINT 5　性格・能力への「決めつけ」は控える

避けたい表現例

- ●おとなしい性格なので…
- ●気が弱いので…
- ●人見知りをするので…
- ●面倒くさがりやなのか…
- ●能力的には問題ないのですが…
- ●…する力が乏しいため、努力してもなかなか進歩できません
- ●性格的に引っ込み思案なので…
- ●少しチャランポランな面があり…
- ●少し幼稚で、甘えん坊な面があります
- ●発達面で少し遅れがあるようです

- ●独善的になることがあります
- ●行動が粗暴で…
- ●あわてもののようで…
- ●優柔不断な態度が…
- ●のんびりやなので…
- ●…という点が嫌われているようです
- ●性格的に暗い面が見られ…
- ●子どものくせに…
- ●涙もろく、すぐに…
- ●お姉さんはじっくりと物事を考えていましたが…

3 責任転嫁・家庭批判につながる表現

　学校の指導責任を回避して、家庭や保護者に指導を丸投げするような表現は、指導責任の放棄ととられ、教師への信頼関係を損なうことにもつながるので注意しなければなりません。

　このような場合は、「学校でも指導に努めますが、ご家庭でもご協力していただけましたらありがたいです」というように、ともに手を携えて協力を促す表現に配慮しましょう。また、連携が成果を上げたときは、「ご家庭での日々の声かけが実り……」といった足跡を残す表現の工夫も大切です。

POINT 6　指導の責任を家庭・子どもに押しつけない

避けたい表現例
- ●…ですからご家庭でも十分にご指導ください
- ●ご家庭での基本的な生活習慣が身に付いていません
- ●ご家庭でのこれまでの過保護／放任が…

- ●ご家庭の厳しさへの反発として…
- ●ご両親が共働きのため…することができません
- ●カギっ子のため…
- ●おじいちゃん／おばあちゃん子のため…
- ●お姉さんのようにご家庭でも…
- ●お母さんだけではなく、たまにはお父さんもご指導を…
- ●忘れ物、持ち物、整理整頓などはご家庭でご指導ください
- ●ご家庭での躾を期待します
- ●夜遅くまでテレビを見ているのが悪影響して…

4 プライバシーの保護に抵触する表現

　子ども本人をほめようとしている表現ではあるものの、結果として家庭の実態やプライバシー保護に抵触するような文章表現は控えましょう。

　とはいえ、プライバシーに配慮し過ぎて、当たり障りのない表現も温かさに欠けます。このようなデリケートな内容は、事前に保護者との個人懇談会の場で十分な意思疎通を図っておく必要があります。

POINT 7　児童や家庭の事情に関する表現には十分に配慮する

避けたい表現例

- ●苦しい家庭事情にもかかわらず、その学習成果は見事です
- ●貧困に負けず、その努力はクラスの模範でした
- ●父親がいないのにもかかわらず…

●母子家庭にもかかわらず、お母さんの努力が…
●弟／妹の面倒を見なければならず…
●ご両親が共働きにもかかかわらず…

5 偏見や差別につながる表現

　子どもの容姿や性格など心身の特徴など、自分ではどうにもできない点についての表現は絶対にしてはなりません。
　また、性別役割分担論に立つことなく、男女差別の表現に注意し、子どもたちに人権やジェンダーを教える教師の役割を果たすことが求められます。
　近年では、学級通信、学級だより、学級文集等の活字になった表現において、個人を特定した内容について、個人の性格・能力、家庭、人格の悪口、誹謗・中傷にあたるとして、プライバシーや人権、ジェンダーの観点から指摘、文書の回収・訂正・再配付を要求されることがしばしばあります。
　通知表の所見文も、その範疇に含まれている文書です。人権尊重の立場から十分に注意して作成しましょう。

POINT 8　容姿、性格などについての差別的な表現は厳禁

避けたい表現例

●問題行動をとります
●…が原因でいじめをするようです
●友だちの持ち物を盗んだり…
●宿題を忘れることが多く、いい加減な面があります
●手のかかる子どもです
●頭でっかちな面があります

- ●チビッ子同士で遊んでいます
- ●運動オンチですが体育はがんばっています
- ●やせているので体力をつけて…
- ●友だちのノートをのぞいて…
- ●行動がゆっくりで、ぐずぐずしていることがあります
- ●不器用なところがあり…
- ●アトピーなど皮膚障害に…
- ●学習障害の面は支援しながら…

POINT 9　人権やジェンダーの観点に配慮する

避けたい表現例

- ●お母さんがお家にいらっしゃるので…
- ●もう少し男／女らしく○○しましょう
- ●男の子なのですから自信をもって発言しましょう
- ●女の子らしい言葉を使いましょう
- ●女の子らしく家でもお手伝いができています

小学3年生の特徴と所見文

1 小学3年生の特徴

　3年生は、まだ低学年の幼児性を残していますが、少し背伸びした言動をしようとするところもあります。一方で、学習面・生活面などの成長・発達に大きな個人差が現れ、友だちとのトラブルも増えるなど、様々な場面で苦手意識をもったり自信を失ったりする、いわゆる「9歳の壁」と直面する時期でもあります。

　学習面では、生活科から社会・理科・総合的な学習に変わり、外国語活動も始まり、低学年に比べて学習のレベルが一気に上がります。また、具体的思考から、抽象的な思考を伴う学習内容へと展開していきます。例えば、算数の小数や分数、理科の電気など、大人が考える以上に子どもにとっては大きなステップとなりますので、丁寧な指導が必要です。学習内容が理解できずに、期待された学力が身に付けられない子どもも存在しますので、個に応じた指導が一層重要となります。

　生活面では、いわゆる「ギャングエイジ」と言われる時期を迎え、閉鎖的な子どもの仲間集団が発生し、付和雷同的に行動をします。仲間意識が一段と強まる時期です。特定の仲間でグループを作って遊んだり、自分たちだけの特有のきまりを作り、それを守ることを最重視するようになります。自立に向けた第一歩を踏み出す時期でもあるとともに、教師や保護者より友だちを大切にし始め、反抗期の様子も見受けられます。

　抽象的思考が育つと、自分を客観視しようとする力も次第についてきます。そんなとき、自分の短所にばかりに目を向けてしまうこともありますので、「できたこと」「主体的に取り組んだ姿」「考えを深めたこと」などを具体的にほめたり認めたりして、自分の成長に目を向けさせて自

尊心を育むことが大切です。その上で、課題については前向きに取り組めるように、具体的にどうすればいいかを寄り添いながら支援すれば、子どもは壁を乗り越えて大きく成長するでしょう。「9歳の壁」は、保護者にとってもとても心配な時期です。一歩一歩大人へ近づいていっている変化であることを伝え、安心感を与えることも大切です。

2 学期ごとの所見文作成の配慮点

〈1学期〉

　中学年としてのはじめての通知表。生活面とともに、新たな教科も加わり、より学習についての評価も気になるところです。できるだけ行動や学習の様子を多面的に観察するなど、具体的な事例をもとに、認め励ますことを心がけます。また、課題は夏休みや2学期以降への期待として文に表し、意欲を高めましょう。

〈2学期〉

　運動会、音楽会など、学校行事が多い2学期。結果だけではなく、自主的に取り組む姿勢やその過程での心の成長などについて記述すると、「よく見てくれているんだ」と子どもにも保護者にも励みになるでしょう。また、友だちへの思いやりや仲間を気づかうやさしさなど、他者と関わりながらできるようになったことを見取り、学習面では、大きな行事が盛りだくさんであっても、しっかりと落ち着いて粘り強く課題に向かっている様子などを伝えることで、成長の自覚へとつなげます。

〈3学期〉

　生活面、学習面ともに、低学年期とはまた違った変化をした1年間。しっかりと育んだ「確かな学びと豊かな育ち」の具体的な姿を認め、まとめとして記述するよう心がけましょう。次年度はいよいよ高学年ともいえる4年生となるので、課題や努力してほしいことなどについても、目標として知らせておくことは大切です。

6 小学4年生の特徴と所見文

1 小学4年生の特徴

　4年生になると、今までは下級生としてサポートを受けていたのが、「上級生」として下の学年の子どもたちをサポートする側として行動する場面が増えてきます。また、高学年の準備期間としてクラブ活動が始まり、高学年と一緒に活動する機会も始まります。子どもたちの発達が2年程度早まっているという調査結果があるように、義務教育学校（施設一体型小中一貫校等）では、子どもたちの様々な成長の段差に適切に対応するという観点から、9年間を4－3－2制に区切り、例えば前期（1～4年生）の最高学年となって、通常の小学校の6年生の役割を十分に果たしています。それほど意欲的に自信をもってリーダーシップを発揮できる子どもが増加します。

　学習面では、高学年、中学校での基礎的な内容が散りばめられているとても重要な時期でもあります。抽象度もさらに高まり、授業そのものへの意欲が低下しやすくなるので、注意が必要です。また、算数では筋道を立てて考えたり、理科では、観察の結果からその原因を考えたりものごとを関連付けたりできるようになります。基礎・基本を大切にしながらも、思考力・判断力・表現力をしっかりと身に付けることも大切です。

　生活面では、4年生後半になると思春期発達の前兆を示す子も現れ、行動における男女差も出始めます。3年生の「9歳の壁」は「10歳の壁」「小4の壁」とも呼ばれ、「他者意識」が発達し、他人との比較を通じて自分を認識するようになるため、自尊心が低下してしまうなど、3年生と同じ傾向にあります。あまり敏感になりすぎず、毎日の子どもの様子をよく観察し、変化に気づくことが大切です。

第1章　通知表の機能と所見文のポイント　**37**

このように、生活面、学習面ともに、他者との比較ではなく、児童一人一人のもつよい点や可能性などの多様な側面、進歩の様子や過程など、学年や学期にわたる児童の成長という「確かな学びと豊かな育ち」を視点として積極的に評価することが重要です。

2 学期ごとの所見文作成の配慮点

〈１学期〉

　思春期の様子も見られる４年生。自分たちだけの特有のルールを作り、守ろうともします。１学期は特に、学習規律や学習への取り組み方、規範意識、生活習慣の確立等に重点をおいて、１年間通してこうあってほしいという姿を、具体的な様子を見取って記述し、示しておくことが大切です。

〈２学期〉

　１学期からの成長を意識して評価します。授業、係活動、掃除などの学級での様子はもちろん、学校や学年行事で準備に取り組む過程における努力など、具体的なエピソードと、それがなぜ評価されることなのかがわかる価値付けをしっかりと行い、３学期のまとめにつなげます。また、４年生になると、客観的に自分を見つめることができる児童も増え、またそうなってほしいことも考えると、児童にあらかじめさせておいた自己評価と先生の評価が一致していることを示すことも励みとなるでしょう。

〈３学期〉

　次年度はいよいよ高学年の仲間入りとなります。１年間のまとめとして、そして中学年のまとめとして、成長した点、努力してきた点、こんな力が育まれたんだというところなど、「学びと育ち」の向上、進化を見取ります。高学年に向けて、生活面ではどのようなことを心がけ、学習面ではどんなよさを一層伸ばせばいいのか、期待を込めて４年生の成長と課題を明らかにしましょう。

第2章

学びの姿（学力面）の所見文例

知識・技能

各教科で身に付けるべき知識を習得していた子

POINT 知識の評価は、各教科等における学習の過程を通した知識の習得状況について評価を行います。教え込むのではなく、子ども自身で知識が身に付いたことを実感している様子を見取り、記述しましょう。

全般 どの教科においても学習内容を理解していた

○ どの教科においても、意欲的に粘り強く努力して復習しています。テストの間違い直しにも真面目に取り組んでいます。その結果、学習内容の理解が確実に進み、いつも自信をもって挙手をして発表することができます。

全般 発言はしないけれど、理解は定着していた

△ 自分からは発言しませんが、どの教科においても、話し手をしっかりと見つめ、相づちを打ちながら最後まで話を聞いているので、学習内容をしっかりと理解しています。自信をもって、発表してみるといいですね。

国語 ローマ字の読み書きを理解していた

○ アルファベットを学習した後、日常使われている簡単な単語について、ローマ字で表記されたものを読んだり、ローマ字で書いたりすることができています。タブレットのローマ字入力も正確にできるようになりました。

1 | 知識・技能

社会 ## 地域の人々の願いや努力を理解していた

○ 学習を通して、県内の文化財や年中行事は、地域の人々の願いが込められ、受け継がれていることや、地域の発展に尽くした先人は、様々な苦心や努力により生活の向上に貢献したことなどを理解できました。

社会 ## お店のよさや工夫を理解していた

○ 社会の「お店調べ」では、それぞれのお店のよさや工夫の違いをしっかりと理解しているので、商品ごとに自分ならどこで買い物をするかを的確に選択することができます。

算数 ## 円の中心についての知識を獲得した

○ よく回るコマのひみつさがしを通して、コマ作りで円の中心を見つける活動から、円周上のどの点も中心から等距離にあることを理解することができました。

外国語 活動 ## 読み聞かせの大まかな内容を理解していた

○ 「Who are you?」の英語の絵本の読み聞かせでは、大まかな内容を理解し、どのページのことを言っているのかを考えるなど、内容に関する簡単な質問に答えることができています。

総合的 な学習 ## 生活しやすい環境についての知識を獲得していた

○ 「ともに生きる」では、自分たちの住む地域では、すべての人が生活しやすい環境作りのために様々な工夫がなされていることを正確に理解した上で、「もっと工夫すべきことがあるのでは？」と次の課題を考えました。

第2章　学びの姿（学力面）の所見文例　**41**

❷ 各教科で身に付けるべき技能を習得していた子

POINT 技能の評価は、各教科等における学習の過程を通した技能の習得状況について行います。教え込むのではなく、子ども自身に技能が身に付いたことを実感させる取り組みを通して、具体的な内容を記述しましょう。

全般 間違いをそのままにしなかった

○ どの教科においても、間違えたときにそのままにすることなく、どこをどう間違えたのかを自分で振り返って、正答にたどりつくことができます。その繰り返しがしっかりとした技能の定着へとつながっています。

国語 ことわざを使った短文作りができた

○ ことわざの学習では、それぞれのことわざが、生活の中のどんな場面で活用できるのかに重点をおいてことわざブックを作りました。ことわざを使った短文作りが上手にできます。

社会 消防署見学についてまとめることができた

○ 消防署の見学、消防士さんへの聞き取り、調べ学習を通して、地域の安全を守るための体制や工夫、火災防止に努めていることを、わかりやすくポスターにまとめることができました。

算数 数の仕組みの理解による正確な計算力を習得していた

○ 2位数÷1位数の計算の仕方をもとにして、3位数÷1位数のわり算の筆算を、間違えることなく、正確に計算することができます。数のしくみを的確に理解しているからこそです。

1 | 知識・技能

理科 実験器具の使い方を習得した

○ 物の温まり方の学習では、実験器具の機能を理解して操作する技能のみならず、火を使うことから机の上を整理・整頓し、服装を整え、ぬれ雑巾を準備し、いすを片付け、立って作業するまで、安全上の配慮ができます。

音楽 苦手なリコーダー演奏を克服した

△ 苦手だったリコーダー演奏でしたが、友だちと一緒に休み時間や放課後に教え合いをしたり、おうちでも練習を重ねたりしたことで、とても上達しましたね。新しい曲にも挑戦できました。

図画工作 技能を定着させて思いを絵に描いていた

○ 筆やパレットの使い方、絵の具の水加減、混色方法など身に付けるべき技能をしっかりと定着させているので、いつも○○さんの思いが表れる絵が描けています。

体育 マット運動の技能を獲得した

○ マット運動では、腕支持感覚、バランス感覚、回転感覚にすぐれ、軸のぶれない前転や側転を披露して、みんなのよいお手本となりました。友だちからも「マット運動名人」と呼ばれていました。

外国語活動 「何が好きですか」を英語で表現できた

○ 「What do you like?」では、英語の音声やリズムなど、相手に伝わるように工夫しながら、何が好きかをたずねたり答えたりすることができます。発音がとてもきれいです。

第2章 学びの姿（学力面）の所見文例 43

③ 授業のポイントをつかみ、内容を正確に理解していた子

POINT 授業の要点を整理しポイントをつかむことで、筋道を立てて考えるようになり、やがて正確な理解につながっていく様子を児童の具体的な姿で記述します。

国語　文章のポイントをおさえて読む力がついていた

○ 中心となる語や文に注目して要点をまとめたり、文章を短くまとめる要約をしたりすることができ、文章のポイントを確実におさえる「確かな読み」の力がついています。

社会　共通点・相違点を的確につかんでいた

○ スーパーマーケットと商店街を見学し、両者の共通点と相違点を的確につかんでいます。また、それぞれで働く人々の努力や工夫についてわかり、自分たちの生活を支えていることを理解しました。

算数　整数における見方を働かせて小数のたし算のポイントをつかんだ

○ 小数のたし算の学習では、「整数のときと同じ手順で計算できる」という見方を捉え、小数点をそろえて位ごとに正確に計算する方法を理解していました。

理科　昆虫についての学習内容を正確に理解していた

○ 昆虫の世話をしながら、体のつくりや育ち方の順序や変化のポイントを把握して学習に取り組んでいるので、学習内容を正しく理解することができていました。

1 | 知識・技能

音楽 小太鼓の演奏のポイントを理解していた

○ 合奏では、小太鼓に挑戦し、タイミングや音の強弱などのポイントを十分理解し、特に意識して練習した結果、本番では、見事にその成果を発揮し、すばらしい演奏になりました。

図画工作 表現方法のよさのポイントを理解し、作品に生かしていた

○ 絵の具でいろいろな表し方を試しながら、それぞれのよさのポイントをすぐに理解し、自分の思い描いた絵にどう生かすか、材料や技法の使い方を考えながら工夫して絵に描くことができていました。

体育 ハードル走のコツを理解したものの、記録に表れなかった

△ ハードル走では、速くハードルを走り越えるために、低い姿勢でハードリングすることや、振り上げた脚を速く戻すなどのコツを理解しました。練習を重ねて、記録に表れるといいですね。

外国語活動 読み聞かせの内容の要点をつかんでいた

○ 「Who are you?」では、英語による絵本の読み聞かせを聞いて、おおよその身の周りの物に関する簡単な語句や、基本的な表現を理解することができました。

総合的な学習 ゲストティーチャーの話の要点をつかんでいた

○ ゲストティーチャーの話をよく聞き、大切なところはメモをとっていました。ワークシートには要点がまとめられており、しっかりと正確に理解していることがわかります。

第2章 学びの姿（学力面）の所見文例 **45**

❹ わからないことがあれば質問し、理解を確実なものにしていた子

POINT 質問できるということは、決してわかったつもりにはならず、確実に理解したいという表明です。また普段から探究心があるのかもしれません。発言を見逃さずにしっかりと見取りましょう。

全般　間違えた問題についてわかるまで質問していた

○ 間違えた問題がわからないときには、休み時間や放課後に必ず質問をして、できるようになるまで繰り返しチャレンジすることができました。その結果テストの点数が着実に伸びています。

全般　わからないことをそのままにしなかった

○ わからないことがあるとき、そのままにはしておかずに、友だちや教師に質問したり、ノートを見返したりして、興味をもちながら課題を解決しようとする姿が随所に見られます。

国語　アドバイスを生かして意味理解を定着させていた

○ 「ことわざブック」作りでは、友だちに「ことわざを使った文作りのコツはある？」とたずねたところ、「意味をしっかり理解して場面を想像したら」とアドバイスをもらってからことわざの意味理解が一層進みました。

社会　想定した質問以外にも疑問点をたずねていた

○ 商店街見学でのインタビューでは、あらかじめ考えていた質問だけではなく、そのお話の中で疑問に思ったことをたずねることができました。○○さんの学習に対する姿勢はすばらしいです。

1 | 知識・技能

算数 **作図でコンパスを使用する理由を質問していた**

○ 二等辺三角形の作図では、「どうしてコンパスを使うのですか？」と質問してくれたおかげで、円の半径はどこでも等しいという性質を使っていることを学級全体で確実に理解することができました。

音楽 **曲を聴いたイメージの持ち方をたずねた**

○ 「音のちがいを感じ取ろう」では、「曲を聴いたイメージがよくわからない」と友だちにたずねていました。「音の強弱」「速い遅い」「弾んでいる」など、気づいたことから、どんな感じがするかイメージできました。

体育 **水泳の息継ぎのコツを質問していた**

○ 水泳指導では、「どうすれば沈まずに息継ぎができますか？」と個別に質問にくるなど、苦手な部分を克服するために、改善しようとする姿が見られました。

外国語活動 **わからなくても、ジェスチャーでたずねていた**

○ 外国語活動では、友だちが伝えた自己紹介について、わからないところを英語とジェスチャーでたずねていました。その後、実際にはどうたずねたらよかったのか、ALT の先生に聞きに行っていました。

総合的な学習 **わからないときにあきらめてしまった**

△ わからないことがでてくると、あきらめてしまうことがあります。もう一度よく考えてみたり、わからないときは、先生や友だちに聞いてみたりしながら、粘り強く学習に取り組むことができるといいですね。

第 2 章　学びの姿（学力面）の所見文例　47

⑤ 目的をもって、反復練習に取り組んでいた子

POINT 反復練習は、ただやみくもに問題数をこなせばよいわけではありません。反復の数よりもその質を問い、自分なりのめあてをもって練習に臨んでいる姿を見取り、その様子を伝えましょう。

全般 ◯ 自主学習ノートを活用して苦手なところを克服した

都道府県を覚えたり、復習したり、意欲的に自主学習ノートで繰り返し学習し、苦手なところを自分の力で克服しようとしています。自主学習ノートはもう5冊目になりましたね。

全般 △ 「早く終わらせたい」という気持ちが強かった

「早く終わらせたい」という気持ちが強いときは、間違えることが多かったり、雑に書いてしまったりすることがあります。何のために練習をしているのか、めあてをもって学習に取り組むことができるといいですね。

国語 ◯ 作業はゆっくりでも着実に取り組んだ

漢字の学習では、文字の形やバランス、とめ、はらい、筆順等に気をつけて繰り返し練習をがんばりました。練習帳に丁寧に書き込み、時間をかけながらも一生懸命取り組み、着実に力をつけています。

国語 ◯ 友だちの意見を聞きながら、何度も練習した

物語文の教材では、ラッパの音やかえるの様子がわかるように音読するにはどうしたらいいかを考え、友だちの意見も聞きながら何度も練習し、想像を膨らませて工夫した音読を発表することができました。

1 | 知識・技能

算数 **ミスを少なくすることを目的に繰り返し練習した**

○ 計算問題では、ただたくさんの問題を解くのではなく、間違いを少なくするにはどうしたらいいかを考えながら練習している姿がありました。その成果が表れ、小テストではいつも 100 点をとっていました。

音楽 **リズムに気をつけるなど、目的をもってリコーダーを練習した**

○ 音楽会に向けたリコーダーの練習では、ただ最初から最後まで練習するのではなく、リズムに気をつけて、数小節ずつ反復練習をし、確実に吹けるところを増やしていきました。

図画工作 **技能を習得するために繰り返し練習していた**

○ 自分の作品に、「マーブリング」の手法を取り入れて制作するため、どの色の組み合わせで、どのくらい棒で混ぜるといいのかを、何度も試行錯誤しながら練習し、技能を向上させていました。

体育 **お客さんがよりきれいに見えるように練習した**

○ 運動会のフラッグの技で、どうしたら、よりきれいに見えるのかを考えながら、休み時間や放課後に友だちと何度も何度も確かめ合っていました。覚えたコツを学年のみんなに披露していました。

外国語活動 **世界のあいさつに慣れ親しむため、繰り返し練習した**

○ 「Hello, world!」では、世界には様々なあいさつの仕方があることに気づきました。あいさつの言い方に慣れ親しむために、笑顔で楽しみながら何度も練習していました。

第 2 章　学びの姿(学力面)の所見文例　**49**

⑥ 自分なりに工夫して わかりやすいノートを作っていた子

きれいなノート作りが目的ではありません。普段の学習の中で何度も見返すことができるようなノート作りに取り組み、知識・技能を獲得している様子を伝えます。

全般 １時間の内容を見直すことができるようにまとめていた

〇 どの教科においても、黒板を写すだけでなく、１時間ごとの授業内容を見直すことができるよう、ポイントを丁寧に整理してノートにまとめることができます。

全般 友だちの意見を書き足したり、メモをとったりしていた

〇 ノート作りに力を入れており、振り返りはもちろん、自分と意見の違った友だちの意見を書き足したり、口頭で先生が言ったことをメモするなど、自分に合った学習方法を探して実行していました。

全般 テスト前に要点をまとめていた

〇 自主学習ノートでは、どの教科においても必ずテスト前に大事なことをまとめ、学習内容を理解して臨んでいます。コツコツと根気強く努力する姿は立派です。

全般 丁寧さがなく、板書も一部だけを写していた

△ 文字をあまり丁寧に書かないので読みにくく、また、黒板の一部だけを写しています。そのため、１時間の学習の流れが振り返りにくいので、知識が定着していません。学習の理解が深まるノート作りに努めましょう。

1 | 知識・技能

国語 根拠、理由、気持ちを色分けしてまとめることができた

○ 物語文の学習では、文や言葉の根拠の部分、理由と気持ちがそれぞれわかるように、色分けして書き、主人公の気持ちの変化をわかりやすくノートにまとめていました。

社会 大事な言葉をメモしたり赤で印をつけたりしていた

○ 社会科の学習では、自分の考えを書くだけではなく、友だちの考えや先生の言った大事な言葉をメモしたり、赤鉛筆で囲んだりするなど、自分なりのノート整理をして、学習理解につなげています。

算数 位ごとに色を変えていた

○ 154 ＋ 172 の計算を考える場合、2 位数＋ 2 位数と同様に、位をそろえて数を合わせて 326 となることを、位ごとに色を変えるなど、わかりやすくノートにまとめていました。

理科 見開き2ページでまとめていた

○ 左半分には、問題やめあて、予想や仮説、実験方法を、右半分には実験の結果、わかったこと、考察、振り返りを配置し、2 ページの見開きでわかりやすいノート作りに努めていました。

総合的な学習 ワークシートを工夫し、ポートフォリオを整理していた

○ ワークシートの余白には、大事なキーワードやそのときに気づいたことなどをメモしています。また、ワークシート以外にも作品や写真などを見やすいように整理してわかりやすくポートフォリオを作成しています。

第 2 章 学びの姿(学力面)の所見文例　51

❼ 自分の考えを絵・図・表・グラフ等に整理することができていた子

POINT 自分の思考を可視化することで考えを整理し、知識を定着させて技能を獲得していく様子を、ノートやワークシートから見取り、具体的に伝えましょう。

全般　根拠を明確にして考えを整理し、知識の定着に向かっていた

〇 どの教科においても、自分の考えを伝えるときは、図や表を用いて根拠を明確にして対話し、知識の定着に向かっていました。また必要なときには、ベン図やYチャートなどの思考ツールを使って整理していました。

国語　ふせんを活用して整理できた

〇 スピーチでは、事前に調べたりインタビューしたりして理解したことの中から話したい内容をふせんにメモして、順番を何度も入れ替えながら整理し、構成を考えることができました。

社会　グラフや図を写すだけでまとめていた

△ 浄水場の見学では、パンフレットを見て、グラフや図を写して新聞にまとめていました。グラフを見たり見学をして思ったことや考えたこと、これからできることなどを入れると、もっと素敵な新聞作りができます。

算数　図・式・言葉により考えを表現できた

〇 L字形の図形の面積の学習では、今まで学習した長方形にするという根拠を明確にし、分けたり、全体から引いたりする考えを、図と式と言葉を用いて的確にノートに書くことができました。

1 知識・技能

算数 表、式、折れ線グラフで変化の様子を表していた

○ 変化の様子を表や式、折れ線グラフを用いて表すことで、一方が1ずつ増えたときに、他方が1ずつ減る、2ずつ増えるなどの変化の特徴を読み取ったりすることができました。

理科 気温の変化をグラフで表して考察できた

○ 天気と気温の学習では、晴れの日、曇りの日、雨の日の気温をそれぞれ観測し、一目でわかるようなグラフで整理し、1日の気温の変化の仕方は天気によって違いがあることを捉えていました。

図画工作 表で整理していた

○ 鑑賞ノートでは、自分の作品と友だちの作品の材料の生かし方や表現方法の共通点や相違点を見つけたり、工夫したことや作品から受けるイメージなどを表にまとめていました。

体育 技のチェック表を作成できた

○ マット運動では、学習カードに技のポイントについてのチェック表を作成し、毎時間自分なりのめあてをもって振り返っていました。できるようになると、チェック項目を増やすなど、工夫が見られました。

総合的な学習 表やグラフ、イラストを使ってまとめた

○ ボランティアについてインタビューしたり、インターネットで調べたりしたことを、表やグラフ、イラストを活用してわかりやすくまとめました。相手が望むことを意識する大切さに気づきました。

第2章　学びの姿（学力面）の所見文例　53

⑧ 目的に応じて ICT 機器等を上手に活用し、調べることができていた子

POINT 知識の定着や技能の習熟を図ったり、資料収集したり発表したりするなど、目的に応じて効果的にICT機器などを活用し、教科内容のより深い理解につながっている様子を記述しましょう。

全般　授業とは関係のない内容を調べてしまうことがあった

△ どの教科においても、何かわからないことがあれば、すぐにタブレットを立ち上げて調べてみるなど意欲的ですが、時折授業内容から脱線して関係のない内容を調べていることがありますので、気をつけましょう。

国語　タイピングソフトを活用しローマ字を学習した

○ ローマ字学習では、筆記練習とともに、コンピュータのローマ字入力を学習し、タイピングにおいて指をホームポジションに戻し、それを使うことで、速く正確に文字を入力できる便利さに気づいていました。

国語　タブレットで調べ学習をした

○ 旅館とホテルをテーマに和と洋のくらしの違いについてのオリジナル説明文を書くために、文章の構成を考え、必要な情報をタブレットを活用して調べて、説得力ある文章を作ることができました。

社会　プレゼンソフトで都道府県クイズを作成した

○ プレゼンソフトを使って、都道府県の位置、地形、主な産業や特色ある産業、交通網の様子や主な都市の位置等をもとにクイズを作成し、クイズ大会をしました。楽しみながらクラス全体で理解することができました。

1 | 知識・技能

算数 教科書のデジタルコンテンツを活用した

○ 小数のたし算、ひき算では、教科書のデジタルコンテンツを活用して、練習問題に挑戦し、基礎基本の定着やつまづきの解決に向けて役立てていました。

音楽 プログラミングによるリズムづくりを行った

○ 「リズムをつくろう」ではプログラミングソフトを使い、想定したリズムになっているか、予想しながら確かめていました。違うリズムになったときにはもう一度じっくり考えるなど、試行錯誤しながら完成させました。

体育 速く走る方法を調査していた

○ どうすればより速く走れるのか、ポイントをインターネットで調べていました。休み時間に練習を重ね、そのポイントができているかを、動画を撮影して確かめていました。

外国語活動 写真を撮影し、英語で伝え合うことができた

○ 「お気に入りの場所・物」をタブレットで撮影し、翻訳ソフトを使ってそれを英語で何というのか調べました。その単語の発音の練習に意欲的に取り組み、友だちとそれぞれ伝え合いました。

総合的な学習 写真と動画を活用して様子を伝えていた

○ 「安心・安全なまち」では、校区の危険個所や安全の工夫をタブレットで写真や動画に収めました。場所によってどちらがわかりやすいのかを吟味しながら発表し、危険個所の類似点や相違点を整理しました。

第2章　学びの姿（学力面）の所見文例　55

❾ 既習事項や既有の知識・技能を関連付けて理解していた子

POINT 新学習指導要領では、既有の知識及び技能と関連付けたり活用したりする中で概念等を理解したり、技能を習得したりしているかについて評価します。その場面を意図的に展開して具体的な様子を伝えましょう。

全般 既習事項を思い出しながら課題に取り組んだ

〇 どの教科においても、新しい学習課題に出会うと、今まで学習してきたことを常に思い出しながら、何を活用すれば、学習課題が解決できるのか、予想を立てて取り組む姿勢は立派です。

全般 知識が豊富だが、課題に対して思い込みで回答した

△ あらゆるジャンルの本を毎日読んでいるからか、非常に知識が豊富なので、課題に対してすぐに「これが答えだ」と言い切ってしまうところがあります。その知識を使ってもう少し検証してから結論を出すといいですね。

国語 3年生で学習した技能を活用して、表現した

〇 3年生で聞き手に伝わるように話し方を工夫したことを思い出し、自分が感じたことをみんなに伝わるように、言葉の抑揚や強弱、間のとり方などを工夫してわかりやすく話すことができました。

社会 知識を関連付けて新しい課題に自分の考えをもった

〇 スーパーマーケットの工夫や努力について、学習してきた内容を総合的に捉え、「もし自分が店長だったら、他にどのような工夫をしたいか」を考えることができました。

1｜知識・技能

算数｜既習事項を活用して作図の方法を考えた

○ 平行四辺形の作図の学習において、二組の辺が平行という性質をもとに三角定規を使った平行線の引き方をすぐに思い浮かべるとともに、二辺の長さが等しいという性質を使ってコンパスでの作図の方法を考えました。

算数｜既習事項を活用して発展問題に挑戦した

○ 辺の長さ、角の大きさなどに着目することで、デザイン性がすぐれた、二等辺三角形、正三角形の敷き詰め模様を作ることができました。図形のもつ美しさをよく理解しています。

理科｜既習事項を活用して課題を解決した

○ 「風やゴムで動かそう」では、ゴムの力で動く車を、今まで学習してきたことを生かし、動かしたい距離に合わせてゴムを伸ばす長さを考え、思いどおりの場所まで進ませることができました。

外国語活動｜前時の学習を活用して質問と答えを考えていた

○ 「What do you like?」の学習では、その答え方は、前時に学習した「I like〜」であることをすぐに関連付けて理解し、積極的に好きなものを答えていました。

総合的な学習｜知識を関連付けて新たな取組みに挑んだ

○ 自分たちの身近なところで起こっている環境問題の調査をもとに、「自分たちにできることは何だろう」とクラスに問いかけ、ごみの減量や節水に関するプロジェクトを立ち上げ、地域の人たちに協力を呼びかけました。

第2章　学びの姿（学力面）の所見文例　57

❿ 習得した知識・技能を他の学習や生活場面でも活用できていた子

POINT カリキュラム・マネジメントの視点において知識・技能を他教科や実生活で活用する力を評価することが大切です。その過程を重視し単元の中で位置付けて、その姿を見逃さずに見取り、大いに称賛し記述しましょう。

国語 読書によって得た書く技能をお話作りで活用した

○ お話作りでは、日々の読書で培った文章の表現力を大いに用いて、「はじめ・なか・おわり」を意識した展開を考えたり、書き始めの一文を興味がわくよう工夫したりして完成させました。

社会 算数の学習内容を社会科のまとめで活用した

○ 算数で学習した表やグラフを活用して、火事の件数や原因、人の被害等を整理し読み取り、火事を起こさないために自分ができることをリーフレットにまとめて発表することができました。

算数 算数で学習した内容を日常生活で活用した

○ 時刻と時間の読み方で学習したことをもとにして、日常生活における時間の使い方について計画を立て、家庭学習の時間の目安をもつことができました。

算数 算数の学習内容を生活で活用できなかった

△ 概数の学習では、四捨五入、切り上げなどの数の処理の仕方を学びましたが、日常の買い物ではなかなか活用ができないようでした。買い物の場面を想定して、ゆっくりと学び直すと、理解できたようでした。

1 | 知識・技能

理科 理科の学習課題を生活体験を生かして予想した

○ 「太陽の光を調べよう」では、運動場にある鉄棒が、日なたと日陰で触った感じが違うなど、日頃の生活体験と結びつけて、日なたと日陰の地面の温度の違いを、根拠をともなって予想することができました。

図画工作 図工で身に付けた技能を学級活動に活用した

○ 図工で学習した紙粘土作りを生かして、学級のお楽しみ会の景品を工夫して作っていました。いろいろなキャラクターができ、もらった友だちは、とても喜んでいました。

外国語活動 外国語活動の知識を特別活動で活用した

○ 秋の遠足では、外国の方へのインタビューに挑戦しました。学習したあいさつができてほっとしながらも、身振りも交えて英語で会話できたことにとても自信をもちました。

総合的な学習 国語の知識を総合的な学習の活動で活用した

○ 国語でボランティアに関する知識を獲得したことを生かし、総合的な学習の時間では近くのグループホームを訪れたとき、「人を喜ばせたり、自分が人の役に立ったりできる」という実感をもつことができたようです。

総合的な学習 国語の技能を総合的な学習の活動で活用した

○ 国語でメモのとり方を工夫して聞く学習をしました。それを生かして総合のゲストのお話をメモをとりながら、わからないことがあると印を入れるなど、工夫して忘れずに質問し、大事な内容を聞き逃しませんでした。

第2章　学びの姿（学力面）の所見文例　**59**

2 思考・判断・表現

❶ 根拠ある予想や仮説を発想し、問題解決していた子

POINT 新学習指導要領総則編には、学習の基盤となる資質・能力の一つとして「問題発見・解決能力」が示されました。見方・考え方を働かせた根拠ある予想や仮説をもち、問題意識が連続して解決に向かっている様子を記述します。

全般 どの教科もわかりやすく予想を説明していた

○ どの教科においても、学習課題に対する自分の予想を理由や根拠を明らかにしながら、わかりやすく説明していました。「なるほど」と○○さんの予想を聞くのをみんなが楽しみにするほど納得できるものとなっています。

全般 予想ができず、受け身になっていた

△ 課題に対して自分なりの意見をもつことができます。「結果はこうなるのかな」と考えてから調べていくことは苦手なようです。見通しをもって予想する力を育てましょう。

社会 根拠ある予想をもとに調べていた

○ 「消防車が早く現場にかけつけるために、どんな工夫をしているのだろうか」というめあてについて、「すぐ出動できるように、車を前向きに止めたり、服を着たまま寝ているのでは」と予想し解決に向かいました。

2 | 思考・判断・表現

算数 予想の根拠を明確にして取り組んでいた

L字型の面積を考える学習では、「今まで学習した図形だったら、面積が求められるはず」という見方を根拠として予想を立てて、問題に取り組みました。

理科 自分の生活体験をもとに仮説を立てていた

月や星の特徴についての学習では、自分の生活体験をもとに、月や星の位置の変化と時間の経過との関係について仮説を立てて発言しました。根拠がはっきりとしているので、とても説得力がありました。

理科 根拠のある予想を立てて実験した

水の温まり方の実験したとき、金属や空気の温まり方で学習したことや、家のお風呂のお湯が上のほうが熱くなることなどを根拠に、予想を立てて実験していました。予想どおりになって喜んでいました。

図画工作 思いと技法を予想しながら表現していた

「不思議な世界」では、自分でお話を作りながら絵に表しました。「ぼかした感じにするために網を使ったらいいのでは？」「やさしい感じのためにはパステルかな？」と予想しながら進めていました。

外国語活動 新しい単語でも予想して発音できていた

新しい単語を見たときも、フォニックスの学習をもとに発音を予想することができました。そのため、正しい発音を覚えるのが早く、知らない単語も進んで発音することができています。

第2章 学びの姿（学力面）の所見文例 61

❷ 見通しをもって、筋道を立てて考えていた（説明していた）子

POINT 一定の見通しをもてると、課題に対し、予想と検証を納得がいくまで論理的に繰り返すことができます。どんな見通しをもって筋道を立てて考えたり説明したりすることに集中していたかを見取り、様子を伝えます。

全般 筋道を立てて考え、わかりやすく発表した

○ どの学習においても、自分の意見を考えるときに、見通しをしっかりともった上で、矛盾や飛躍がないように筋道を立てて考え、友だちにわかりやすく発表していました。みんなはいつも納得していました。

全般 根拠や理由を明確に見出していた

○ どの教科でも、見通しに基づいて根拠や理由を明確に見出し、学習課題に対する自分の意見を考えていました。ノートには、まず根拠を示し、矢印の次に考えを書くように工夫し、とてもわかりやすく伝えています。

全般 難しい問題をあきらめてしまいがちだった

△ 難しい問題に出合ったとき、見通しをもてずに解決をあきらめてしまうことがありました。今まで習って知っていることを使って、理由を考えながら、筋道を立ててじっくりと解決ができるよう支援しています。

国語 思考ツールで見通しをもって作文を書いた

○ 作文を書くときに、思考ツールのフィッシュボーンチャートを活用して、書く場面や項目とその内容を整理し、見通しを立てるとともに、筋道立った文章を書くことができました。読んだ友だちから絶賛されました。

2 | 思考・判断・表現

社会 資料からわかることを根拠に説明していた

○ 「なくそう、こわい火事」の学習では、早く現場に着くための工夫を考えました。二つの資料を根拠に、わかることやそうなっている理由を考え、それらを総合的に考えて工夫について説明をしていました。

算数 イメージをもって模様作りをしていた

○ コンパスを使って模様を描く活動では、同じ大きさの円をいくつも描いて並べることで美しい模様ができることをイメージしてから模様作りをしていました。偶然ではない美しい作品ができあがり、喜んでいました。

音楽 見通しをもって作曲できなかった

△ 作曲の時間に、曲の長さやクライマックスへのもっていき方などを考えずに単にフレーズを並べたため、○○さんならではの曲にはならなかったようです。見通しをもって思いを曲に乗せられると素敵ですね。

図画工作 作品のイメージ、制作の順序を考えて取り組んだ

○ 絵画や造形などの作品を作るときに、まずしっかりとしたイメージをもつことができます。そして、材料や用具の特性などから制作の順序などを考え、見通しをもって作品を仕上げることができました。

外国語活動 シチュエーションを予想して学習に取り組めた

○ 新しいシチュエーションで学習するとき、日本語ではどう言うのかを考え、見通しをもってどの順番に単語を並べるといいか、しっかり考えて活動している姿が印象的でした。学習内容の習得もよくできています。

第2章 学びの姿（学力面）の所見文例　63

③ 身に付けた知識や技能を活用して考え判断し、課題を解決していた子

POINT
「思考・判断・表現」は、知識及び技能を活用して課題を解決するなどのために必要な力を身に付けているかどうかを評価するものです。他教科等での知識・技能の活用も含めて、解決していく過程における具体的な姿を見逃さずに見取ります。

国語　学習した構成や表現のよさを生かして解決に向かっていた

〇　学習した教材文の構成や表現のよさを生かして、自分が伝えたい〇〇市のよいところを読み手にわかりやすく伝えることができるように、課題解決に向かいました。学習したことをしっかりと活用する力がついています。

社会　身に付けた知識を生活に生かせなかった

△　浄水場の見学等で、そこで働く人の努力と願いを学習し、水を大切にするために自分たちができることを考えました。手洗いの後など、急いで遊びたいのか、水道から水が出しっぱなしになっていたことが残念です。

算数　既習事項を活用して小数の計算を理解した

〇　小数の計算では、扱う数が小数でも整数のときと同じように計算のきまりが活用できるのではないかと考え、自力解決しました。筆算を使いながら正しく計算することができました。

算数　既習の考え方を使って計算の確かめをしていた

〇　2年生のときに習ったかけ算の考え方を使ってわり算の答えの確かめをする方法を友だちに紹介しました。「こうすると間違っていてもすぐに発見できるね」とみんなに好評でした。

2 | 思考・判断・表現

理科 既習の見方を働かせて解決に向かっていた

○ 電流の働きでは、「乾電池で走る車をもっと速く走らせたい」という課題が生まれ、3年生のゴムの働きで、ゴムを2本、3本と増やしたら走る距離が延びたことから、電池を増やせばいいと考え、解決に向かいました。

音楽 低学年での学習を生かして聴奏・視奏できた

○ 低学年での学習経験を生かして、主旋律や副次的な旋律を、音色、リズム、速度、強弱、音の重なりなどに注意しながら聴奏したり、ハ長調の楽譜の視奏ができたりするようになりました。

体育 マット運動では安全に気をつけて取り組んだ

○ マット運動では、低学年のときのきまりを思い出し、準備運動をしっかり行い、また「マットに乗るのは一人だけ」などのルールをみんなに呼びかけて安全に学習できるようにしていました。

外国語活動 英語の歌を一緒に歌ってコミュニケーションをはかった

○ 外国人のお客さんと会話をするとき、音楽の時間に習った英語の歌を思い出し、一緒に歌って仲良くなろうと努力しました。英語が伝わり、一緒に歌うことができて、とても喜んでいました。

総合的な学習 国語で学んだ作文の技能をもとにまとめていた

○ 環境問題について調べたことをまとめる活動では、頭括型の説明の順序や理由を明確にして、「はじめ、なか、おわり」を意識した文章構成を活用して書きました。「とてもわかりやすい」と保護者からも人気がありました。

第2章 学びの姿(学力面)の所見文例 **65**

❹ 理由や根拠を明らかにして、相手を意識しながら自分の考えを発言できていた子

POINT 思いや感情ではなく、自分なりの理由や根拠に基づいて結論や判断をするからこそ、他者の考えが聞きたくなります。一方向ではなく、双方向に自分の言葉で考えを伝え合っている姿を記述や発言の様子から具体的に評価します。

全般 わかりやすく伝える方法を考えていた

○ どの教科でも今まで学習したことをもとに自分の意見を考えています。自力解決が終わると早く友だちがどう考えたのかを知りたくて、まずは自分の考えを知ってもらおうとわかりやすく伝える方法を常に考えています。

全般 思考ツールを活用してわかりやすく伝えていた

○ どの教科においても、自分の意見の理由や根拠を明確にして伝えています。特に相手にわかりやすいようにと思考ツールのクラゲチャートなどを利用して理由・根拠を整理し、指で示して確認しながら説明しています。

全般 根拠をもちより、双方向に伝え合っていた

○ ペア学習では、根拠ある自分の意見を考えた上で、友だちの意見を楽しみに伝え合いました。「なぜこうなるの」「この根拠からはこう考えられるのでは」と互いに何度もやりとりしながら納得いくまで伝え合っています。

国語 叙述を根拠として自分の考えをわかりやすく伝えた

○ 国語の時間に登場人物の気持ちを考えて発表する際、文の記述を根拠にして、自分が経験したことをもとにした理由を紹介しながら、とても説得力あるわかりやすい発言をすることができました。

2 | 思考・判断・表現

社会　生活経験をもとに考えて伝えていた

○ 水の使用量が増加していることについて、水洗トイレやお風呂のシャワーなどから、くらし方が変わってきたからだと考え調べて伝えました。友だちも同じ考えだとわかり、ガッツポーズをしていた姿が印象的です。

理科　日常生活から得た知識を根拠に意見を述べていた

○ 金属や水、空気の熱の伝わり方の学習では、それらの違いについて日常生活の中で得た知識を根拠にして自分の意見をまとめ、友だちの考えと比べながら互いに発表し、共通点を見つけていました。

図画工作　思いや感情のみで発言していた

△ 鑑賞の学習では、友だちの作品のよさを見つけるとき、「何となく好きだから」と発言していました。その気持ちも大切ですが、学習した技能の使い方や構図など、根拠をもって説明できると説得力が増します。

体育　タブレットを使って、相手にわかりやすく教えることができた

○ 跳び箱の学習では、友だちに跳び方を教えてあげる際、タブレットを使って動画を撮影し、手をつく場所や空中での姿勢を示しながら、わかりやすく教えることができました。

外国語活動　伝えたい内容を整理して会話していた

○ 英語でコミュニケーションを行うとき、必ず相手がわかっているのか確かめながら会話しようとしていました。特に、伝えたい内容を整理して伝えようと意識していた姿に感心しました。

第2章　学びの姿（学力面）の所見文例　67

❺ 図・表・グラフ・資料等を使って、適切に判断したりわかりやすく発表したりできていた子

POINT 従来の「思考・判断」に「表現」が加わり、思考・判断したことと、その内容を表現する活動とを一体的に評価することが大切です。ノートの記述や新聞・ポスター等の成果物、発表内容から評価しましょう。

全般　進んで調べ、わかりやすくまとめていた

○ 自主学習では、学校図書館等を利用し辞典や図鑑などから情報を集め、わかったことを内容に応じて表や図、グラフなどを使って整理していました。それらを取り入れてポスターや新聞などにわかりやすくまとめています。

国語　表に示しながら説明していた

○ 「くらしの中の和と洋」の学習では、違いやそれぞれのよさが対比されている内容を表にわかりやすくまとめることができました。「その両方のよさを取り入れてくらしている」と主張している筆者に共感していました。

社会　ポスターセッションに取り組んでいた

○ 「私たちのくらしとごみ」では、学習課題について、生活経験と重ねて、調べてわかったことを絵やグラフ、文章などにわかりやすくまとめ、ポスターセッションを行いました。質問も出て活発なやりとりになりました。

社会　社会科見学の学習を表や図を使ってまとめた

○ 社会科見学で町工場に行った学習のまとめでは、そのときに知ったことや感じたことを表や図で表し、そのまとめを通して自分が考えたことをうまく整理し、発表することができました。

2 | 思考・判断・表現

算数 表やグラフに表してまとめた

○ 資料を分類して整理しているとき、表や棒グラフに表してわかりやすくまとめることができました。また、そのよさについて友だちに紹介し、自信をもって発表していました。

理科 実験後のまとめがうまくできなかった

△ 理科の実験が大好きで、がんばって実験をしていました。ただ、実験後のまとめが苦手なようです。表やグラフを使うとわかりやすくまとめることができるよさを、実感できるといいですね。

音楽 思考ツールを使ってわかりやすくまとめていた

○ 鑑賞の学習では、思考ツールのベン図を使って、三つの曲に共通しているところを見つけていました。それぞれのよさも、図を見れば一目でわかり、とてもよく整理されていました。

体育 作戦ボードでわかりやすく伝えようとした

○ タッチフットボールでは、ホワイトボードを活用して自ら作戦ボードを作り、マグネットをチームのメンバーに見立て、いろんな作戦における人とボールの動きを確認していました。手作りのボードは素敵でした。

外国語活動 国の違いを表やグラフを使ってまとめていた

○ 外国人教師の出身国に興味をもち、大きさや人口、文化など日本との違いを表やグラフにまとめていました。英語は一部しか使っていませんでしたが表やグラフのおかげで外国人教師にもよくわかったと評判でした。

第 **2** 章　学びの姿（学力面）の所見文例　**69**

❻ 対話を通して、自分の思いや考えを広げたり深めたりしていた子

POINT 友だちなどとの対話後に、自分の考えを再構築したり新しい考えを発見したりして「深い学び」を実現していく様子を書きます。振り返りの視点として、対話後の自己の考えの変容を書くようにするといいでしょう。

全般 積極的に意見を取り入れ、再構築していた

○ どの教科においても、自分の根拠をしっかりともって友だちの意見を聞きます。なるほどと思った意見については積極的に取り入れ、もう一度自分の意見を考え直すことができます。柔軟な○○さんはみんなの見本です。

全般 対話を通して自分の意見をさらによいものにしていた

○ グループ学習では、まず自分の意見をしっかりとまとめてから参加し、友だちの意見も聞いて自分の意見に加えるなどしていました。対話の結果で自分の意見がさらによいものになることを経験的に学んでいました。

全般 振り返りに自己変容の記述がなかった

△ 振り返りでは、「こんな力がついたよ」と自己評価することができます。学び合ったことで自分の考えが変化したことなども書けると、さらに友だちと対話することを通して、振り返り活動が充実していきます。

国語 友だちと話し合い、自分とは異なる考えに気づいた

○ 「一つの花」では、お父さんがコスモスを一つだけしか渡さなかった理由を「一つしか残っていなかったから」と考えていましたが、友だちと話し合う中で「一つだけの命を大切する」という意味だと気づきました。

2 | 思考・判断・表現

社会 振り返りで自分が思いつかなかった考えを書いていた

○ 火災の学習では、振り返りに、「○○さんは、5分以内で現場に到着できるよう、消防署や分署を3km以内に建てていることに気づいていたのはすごい。なるほどなぁ」と自分の考えを広げていました。

算数 見方・考え方が広がった

○ 複合図形の面積を求め方では、分けたり余計な部分を引いたりして、長方形にする方法を学びました。図形の一部を移動させるという友だちの考えは、「すべての図形には使えないけど式は簡単になる」と見方を広げました。

音楽 友だちと話し合いながら工夫した

○ はじめは、しっかり大きな声で歌うことが大切だと思っていましたが、グループで歌詞の意味を考えたり、友だちの歌い方を聴いて、笑顔で歌うところ、強弱をつけるところなどを工夫し、考えを広げることができました。

体育 話し合うことで自分の意見がよりよいものになった

○ フラッグフットボールでは、ランプレーのだまし作戦やフェイント作戦がうまくいかなかったとき、「確実に走れるようにするには?」と友だちと話し合い、仲間が相手をブロックする隙に走る作戦を考えました。

総合的な学習 対話を通して新たな考えに気づいた

○ 「ともに生きる」の学習では、「障害をもった方に何でもしてあげないと」と思っていましたが、「困ったときに声をかけてほしい」と言われたことが印象に残っていました。「おしつけはよくない」と考え直しました。

第2章 学びの姿(学力面)の所見文例 71

❼ 自分の考えとの共通点や相違点に気づくことができていた子

> **POINT**
> 自分の意見や考えをもち、対話を通じて、友だちと比較して共通点や相違点に気づいて整理し、児童自らが学習課題について整合性あるまとめを考えることが大切です。発言や振り返りの記述などから、具体的な姿を見取り、評価しましょう。

全般 相手の意見をよく聞いて自分の意見を伝えていた

○ 友だちの意見をよく聞き、自分の考え方とどこが違うのか、どこが同じなのかをその理由などに気をつけながら判断していました。その結果、自分の意見を言うときは、相手の意見を尊重した形で伝えることができました。

全般 説得力のある発表ができていた

○ 授業中や学級会の場面で意見を発表するときには、いつも思考ツールのベン図等を使い、自分の意見の根拠や友だちの意見との共通点や相違点を明らかにして発表しているので、とても説得力があります。

国語 同じ考え方と違う考え方を示し、まとめていた

○ 説明文では、「できるだけ多くの理由を並べるといいというところはみんなと同じです。違うところは中には納得できない理由も書いてあるので、数だけではないと思います」と全体交流をまとめることができました。

社会 自分と友だちの気づきをまとめて理解を深めた

○ 地域の仕事の種類や産地の分布などについて調べたとき、自分の気づきと友だちの気づきの共通点や相違点をうまくまとめ、より深く、広く地域のことを理解することができました。

2 | 思考・判断・表現

算数 自分の意見と友だちの意見を比較して聞くことができた

○ 分数のたし算では、□分の1のいくつ分と考えました。全体交流では、「図の表し方は違っても、○○さんと△△さんは考え方が同じだとわかりました」と、説得力ある発言をしていました。

算数 共通点と相違点を吟味していた

○ L字型の図形の面積を考える問題では、友だちから出た考えから、「共通点は、今まで学習している長方形に変えていること」「相違点は、分けたり全体から引いたりして長方形にする方法」とまとめることができました。

理科 実験の仕方の違いなどに気づき発表した

○ 風とゴムの力の働きを調べる実験では、クラスでは二つの実験に取り組みました。どちらも面白い調べ方で、実験の仕方は友だちとは違うが、調べていることやわかることは同じだということに気づき、発表していました。

図画工作 友だちとの作品の比較が難しかった

△ お互いの作品のよいところ探しをしたとき、自分の作品と友だちの作品との比較がなかなかできませんでした。友だちの意見も聞きながら、よいところを見つけられるといいですね。

外国語活動 外国と日本を比較してまとめた

○ 外国人教員から外国の生活習慣や行事などの違い、面白い考え方などを教えてもらい、日本と比較して同じところや違うところを表にまとめていました。違うことがたくさんあるということがわかってきました。

第2章　学びの姿（学力面）の所見文例　73

❽ 学び合いを通して、多様な意見をつなげて考えられる子

POINT 自分の考えをもち、その考えを伝え合うことで、多様な考えによる学び合いができます。多様な考えに触れ、比較したり類型化したりして、それぞれの考えをつなげて思考を深める様子を見取り、記述します。

全般 友だちの意見を取り上げながらうまくまとめていた

○ グループで学習するとき、常にみんなの意見をつなげてまとめようとしていました。根拠を比べたり、似ている考えをグルーピングしたりしながら、考えを深めていく姿はみんなのお手本となっています。

全般 しっかりと考えをもてるが、考えをつなぐことができなかった

△ 自分の考えをもち、しっかりと発言できることはすばらしいことです。○学期は友だちの意見をつなげたり、自分の考えと比べて考えたりして、もう一度自分の意見を修正できるともっと考えが深まるかもしれませんね。

国語 チームで話し合い、ビブリオバトルを行った

○ チーム対抗ビブリオバトルの授業での、本の紹介のわかりやすさはもちろん、発表の後に参加者全員で行うディスカッションで、発表内容でわからなかった点など、多様な意見をつないでまとめようとする姿は立派です。

国語 みんなからの意見をつないでまとめていた

○ 物語文では、班で分担して、全文から登場人物の人柄が表れている叙述を抜き出し、それらをもちより、対話を通して関連付けて、登場人物の性格についてまとめることができました。

2 | 思考・判断・表現

社会 個々のグループの調べ学習の内容をつなげてまとめていた

○ 三つの地域のお祭りについて、グループに分かれて調べました。それぞれの発表を聞いて、「どの地域も受け継いでいこうとする人々の願いと行動があったからこそ、ここまで残っているんだ」と結論づけました。

算数 多様な考えから働かせている見方を見出した

○ ○の数が 20 であることを求める問題では、5×4 や 4×5 などで求められるという図を使った説明を聞いて、「どちらも同じ数のまとまりを作っている」と、つなげて考えることができました。

図画工作 みんなで意見を出し合い考えていった

○ 共同制作では、使ってみたい材料や用具、今まで身に付けた技法や表現方法などを出し合い、根拠を明確にして多様な考えをもとにどうするかを決めていきました。みんなが納得できる作品に仕上がりました。

外国語活動 文化の違いから多様性に気づいていた

○ グループで分担して、いろいろな国のあいさつを調べ、国によって様々な違いがあることがわかりました。「どの国のあいさつでも、相手を思う心は同じだな」と感じていました。

総合的な学習 調べ学習から改善策を探っていた

○ 食料廃棄問題について調べました。廃棄が増えている背景や原因、廃棄量の変遷等についての発表後、出てきた意見をつなぎ合わせて減少させる方法を探り、「人の心を変えていかないと」という結論に達しました。

第 2 章　学びの姿(学力面)の所見文例　75

❾ 物事を多面的に捉えることができていた子

POINT 新たな仲間を求め、相手意識が芽生える中学年期。だからこそ、一つの考え方で物事を判断するのではなく、客観的に考え、多面的に物事を捉えることが必要です。ノートや発言など、具体的な姿を見取り記述します。

国語　様々な意見の立場から考えていた

〇 次の日も栗や松茸を変わらずもって行く場面のごんの行いについて、「認められたい」「友だちになりたい」と考える友だちの意見も聞いた上で、「純粋なつぐない」であるという結論に至りました。

国語　主人公の人間関係を多面的に捉えることができなかった

△ 物語では、主人公の人柄を中心に根拠をもって読んでいます。一つの場面の人間関係ですべてを判断していることがあります。人間関係を図にまとめるなどして総合して考えることができるといいですね。

社会　地域のことを多面的に知り、まとめていた

〇 地域のことを調べた際、インタビューや資料から防犯・防災についていろいろな取り組みがあるのだということを多面的に知り、うまくまとめることができました。

社会　特色ある地域の様子を多面的に調べた

〇 県内の特色ある地域の様子について、位置や自然環境、産業の歴史的背景など、いろいろな視点から調べて比較していました。表にまとめることで、それぞれの地域のよさがよくわかりました。

2 | 思考・判断・表現

算数 違った角の大きさのはかり方を思いついていた

○ 角の大きさの学習では、180度を超える角の大きさをはかりたいと思ったときに、180度に余りを足す方法だけでなく360度から引く方法があることに気づき、みんなに紹介していました。

理科 友だちの意見を客観的に判断して実験を行った

○ 物の温まり方の実験では、自分で予想を立てた後、グループで話し合い、友だちの意見を客観的に判断して実験に臨んでいました。そのため、金属や水の温度の伝わり方の違いをわかりやすくまとめることができました。

図画工作 多様な視点で作品を鑑賞していた

○ 完成した絵の鑑賞会をしました。思考ツールのYチャートを活用して、気づいたこと、構成からわかること、疑問に感じたことの視点でそれぞれの作品を鑑賞して整理し、各視点での見方や考え方を捉えていました。

体育 練習の視点を広げた

○ 跳び箱では、「○段を跳ぶ」と高さばかり意識して練習していたので、回数をこなしてもあまり変化がありませんでした。しかし助走、踏み切り、手をつく位置などをそれぞれ注意して練習するといい結果が出ました。

外国語活動 違う文化を知り、多面的に考えるようになった

○ オーストラリア人の先生から、四季が日本と逆だと聞いたり、南が上になった世界地図を見たりして、世界には文化が違う国があることに気づきました。この経験から何事も多面的に考えることができるようになりました。

第2章　学びの姿(学力面)の所見文例　**77**

⑩ 学習したことを自分の生活と関連付けて考えていた子

POINT 「思考力・判断力・表現力」は、各教科等の知識及び技能を活用して課題を解決するためにとても重要な力です。学習したことを教科だけにとどめるのではなく、生活の様々な場面と関連付けたり実践したりする様子を記述します。

国語 メモをとりながら話を聞くことを実践していた

○ 国語の時間にメモをとりながら話を聞くことを習いましたが、普段の学級会などでも活用できると思い、さっそく司会をしながら試していました。それにより、話し合いがスムーズにつながるようになりました。

社会 ニュースを思い出し、学習したことと関連付けて考えていた

○ 火災が起きたときに消防署と警察が協力していることを学習した○○さん。すぐさま火事のニュースで、パトカーが先に来て交通整理をしていたのを思い出し、通行人に危険がないようにするためだと結びつけました。

社会 社会科見学で学んだことから地図を作った

○ 社会科見学で消防署に行ったときに教えてもらったことをもとに、町にはたくさんの防火・消火の仕掛けがあることを思い出し、「わたしの防災マップ」を作ろうと意欲をもちました。

算数 時刻と時間の学習から朝準備の課題に気づいた

○ 時刻と時間の学習では、自分が朝起きてから学校に着くまでの時間を計算しました。そこで「朝の準備に時間がかかりすぎている」ことを発見し、もっと早くして余裕をもって登校できるようにしようと努力しました。

2 | 思考・判断・表現

理科 ◯ **自分なりの天気予報を考えていた**

天気の学習では、天気が西から変わっていくことを知り、昨日の天気を振り返っていました。徐々に1日でどれくらい天気が変わるのかがわかるようになり、より正確な天気予報ができるようになりました。

体育 ◯ **体育の時間に習ったストレッチを家でも行った**

体育の時間に習ったストレッチが体にとてもよいと知りました。家族で誰もしていないことに気づき、家族に教えてみました。みんなでやって、少しずつ健康への意識が高まったようです。

外国語活動 ◯ **英語と日本語の発音の違いに気づいた**

単語を習ったとき、トマトは「tomato」と書いても発音が全然違うことから日本語と英語の発音の違いに気づき、「日常的に使っている英語の発音について調べてみよう」と学ぶ意欲を高めていました。

総合的な学習 ◯ **ごみの減量を日常生活と結びつけて考えた**

ごみ処理場に見学に行ったことから、ごみ問題に関心をもち、ごみを減らすことが非常に重要であることがわかりました。自分が日常生活でごみを減らす努力をしていないことに気づき、何ができるか考えました。

総合的な学習 △ **ごみを分別することを習ったが、実践できなかった**

ごみについて調べました。ごみの減量のため、分別したり繰り返し使ったりすることの大切さを理解しました。しかしもってきたペットボトルをそのままごみ箱に捨てていました。先頭に立って実践できるといいですね。

第2章　学びの姿(学力面)の所見文例　79

⑪ 多様な情報を比べて分析し、きまりや法則性等を考えることができていた子

POINT きまりや法則性を見つける際には、十分に思考力・判断力・表現力が活用されます。様々な情報を分析して集約していき、帰納的な考えをしている記述や発言を見取り、大いに認め、励ましましょう。

国語　目的に合わせた表し方の違いを捉えていた

○ 文章を読んで、目的に合わせて説明の仕方に違いがあることに気づきました。内容とともに、写真や図がどのように使われているか、書かれている順番など、工夫が違うことがわかりました。

国語　俳句が五七五である理由をつかんだ

○ 俳句や短歌の学習では、低学年のときに覚えた百人一首の歌から五七五のリズムが日本人にとってとても気持ちがよいものだと考え、俳句が五七五になったのもそのためだと分析していました。

社会　調べ学習の情報から傾向を捉えていた

○ 校区探検をして、いろいろな情報を大きな地図にまとめました。「学校の南側はお店が多く、北側には畑、東側には工場が広がっている」と発言しました。多くの情報から分析して判断する力がついています。

算数　帰納的な考えでまとめることができた

○ 全体交流で出てきた考えから、正方形や長方形の面積については、単位となる大きさを決め、そのいくつ分で表せばどんな形でも面積を表すことができると発言したことにより、「なるほど」と拍手が起こりました。

2 | 思考・判断・表現

算数 ## かけ算の筆算の計算のきまりを見つけていた

○ かけ算の学習では、かけられる数が2桁のかけ算の筆算と3桁のかけ算の筆算の計算の仕方を比べると、「位ごとに計算していく方法は同じで、計算をする回数が違うだけ」と振り返りに書いていました。

理科 ## 植物の成長の順序性を考えることができていた

○ 学校でホウセンカとヒマワリを植え、成長の様子をそれぞれ観察した結果から植物の育ち方には一定の順序があることを発見しました。家で植えたアサガオも同じだと報告してくれました。

理科 ## 比較実験で規則性を考えた

○ 豆電球、乾電池、導線を用いて明かりがつくつなぎ方を考えました。つくつなぎ方とつかないつなぎ方を比較すると、導線を＋極－極につなぎ、電気の通り道ができているという共通点を見つけることができました。

外国語活動 ## フォニックスのきまりを使って発音している

○ 外国語活動でのフォニックスでは、単語の発音の法則性を見つけ、理解していました。そのため、新しく学習する多くの単語を、正しく発音できています。

総合的な学習 ## 具体例で納得していた

△ ごみの減量について調べていましたが、繰り返し使ったり、リサイクルしたりするとともに、もともとごみを出さない工夫があることにしっくりきていないようでした。具体的な例を示すと納得していました。

第2章　学びの姿(学力面)の所見文例　81

⓬ 学習課題に応じたまとめを考え、自分の言葉で表現していた子

POINT 課題を意識して解決に向かった中学年の子どもは、学習課題の答えのような感じで、整合性をもたせて自らまとめを表現します。全体交流で整理した板書をもとに、ノートにまとめたり発表したりする様子を書きます。

全般 学習課題に対応させてまとめていた

○ どの教科の学習においても、まとめに入るとき、必ず「今日の学習課題は何だったかな」ともう一度課題を確認して、それに対応する形で、自分の言葉にしてまとめることができます。

全般 課題に対応してまとめることが難しかった

△ 学習課題に対応させて、自分の言葉でまとめることが難しいようです。書き出しを示したり、キーワードを伝えたり、（　　）の穴埋めにすると、次第に書けるようになりました。

国語 話型を使ってまとめていた

○ どの場面で登場人物の思いが一番変わったのかという課題について、本文から根拠を示しながら考えました。まとめでは話型を活用し、「□□の場面の△△の〜だから、主人公の思いが××に変わった」と答えていました。

社会 自然災害への備えなどを理解し、ノートにまとめた

○ 自然災害についての学習では、地域の関連施設の人々が、様々な協力をして対処してきたことを知り、今後の自然災害についての備えや自分たちができることをノートにしっかりとまとめていました。

2 | 思考・判断・表現

算数 ## めあてに対応してまとめていた

○ 「棒グラフと折れ線グラフの違いは？」というめあてに沿って学習した結果、全体量や差が一目でわかるよさと、増減や変わり方が一目でわかるよさの違いだとまとめていました。

算数 ## 学習課題と整合性をもたせてまとめていた

○ 複合図形の面積はどのように求めたらいいかという学習課題に対して、分けたり全体から余分な部分を引くなどして長方形をもとにして考えれば求めることができると、まとめを発言していました。

理科 ## 自分の言葉でまとめができなかった

△ 乾電池の数やつなぎ方を変えると豆電球の明るさやモーターの回り方が変わることを楽しく実験して調べましたが、自分の言葉でまとめることができませんでした。結果を考察しまとめる力がついていくといいですね。

体育 ## 自分なりの工夫を見つけてまとめた

○ どんな工夫をすれば、跳び箱運動の開脚跳びが確実にできるようになるかをめあてにして練習に励んでいました。特に手をつく位置や空中姿勢を工夫すればいいことを見つけ、ノートに書きました。

外国語活動 ## 違いを比べてまとめ、それを生かして発音練習ができた

○ 「外来語と英語では、発音はどのように違うのだろうか」というめあてについて学習を深めました。まとめでは、音声やリズム、アクセントが違うことがわかり、本来の英語の発音に親しんでいました。

第2章　学びの姿（学力面）の所見文例　83

主体的に学習に取り組む態度

❶ 自分で学習課題（めあて）を設定できていた子

POINT
「今日のめあては何ですか？」と子どもと一緒に学習課題を考えることは、「主体的な学び」へと導くスタートです。認識のずれ・比較・必然性等の視点を与えることで、めあてを自分で考えていく様子を大いに評価します。

全般　よくめあてを考えて発表する

○　「今日の学習のめあては何？」と投げかけると、自分が興味をもったことや詳しく知りたいことなどと重ねて発表し、それがクラスのめあてとなって解決に向かうことが多かったです。

全般　興味や関心はあるが、めあてを設定できなかった

△　どの教科も興味や関心をもっています。導入で「今日はどんなことを学習しようか」と投げかけても、めあてを設定できないこともありました。友だちの発言を参考にして、自分の問いを考えられるといいですね。

国語　物語の面白さに気づいた

○　「ゆうすげ村の小さな旅館」の学習で、物語の面白い仕掛けを見つけるという学習課題を設定し、「旅館のお手伝いにきてくれたのが畑を耕していたウサギの家族であったことが面白い」と気づくことができました。

3 | 主体的に学習に取り組む態度

社会 **屋上見学からめあてを設定していた**

○ 屋上から街の様子を眺めました。北側と南側で大きく様子が違うことに気づき、「どうしてこんなに違うのか」と疑問をもったことが、町探検の学習課題として設定されました。

算数 **暗算の方法の工夫におけるめあてを考えた**

○ 「計算のしかたをくふうしよう」の学習で、素早く正確に暗算でできる方法を考えることをめあてに設定し、いろいろな計算方法を考え、その中で最もやりやすい方法についてクラスで話し合いました。

理科 **モンシロチョウを卵から成虫に育てた**

○ 畑で見つけた昆虫の卵に興味をもち調べました。モンシロチョウの卵だと予想し、どのように変化するのかというめあてのもと、自分事として毎日世話をしながら観察を続け、成虫になるまで育てることができました。

体育 **跳び箱の5段を跳ぶめあてを立てた**

○ 跳び箱運動で、何に気をつけると開脚跳びで5段を跳べるようになるのかとめあてをもって取り組みました。踏み切り方や手のつき方、手のつき放し方などに気をつけるといいんだとわかり、めあてを達成できました。

外国語 活動 **たくさんの友だちと英語で交流するめあてを立てた**

○ 「How are you ？（ごきげんいかがが）」を学習しました。何人の友だちとあいさつするできるかをめあてにして、自分から積極的に話しかけ、クラスで一番多くの友だちとあいさつすることができました。

第2章 学びの姿（学力面）の所見文例　85

❷ 見通しをもって進め、学習方略を見直そうとしていた子

POINT 課題解決に向かうためには見通しが立てられていることが大切です。中学年ではこれまでの学習経験をふまえて、より適切な解決方法を選択したり他の学習方略を検討したりしている具体的な姿を記述します。

全般 別のやり方を提案した

○ どの教科の授業でも見通しをもって自分の考えをしっかり発表しています。話し合いなどの学習が計画どおりに進まないときには、別の新しいやり方を考え提案し、学級での学習をリードしています。

全般 見通しにとらわれすぎて学習が進められなかった

△ 学習課題の解決に向け、見通しを立てて真面目にコツコツと努力し、取り組んでいますが、計画にとらわれすぎて学習が滞ってしまうことがあります。途中で見直すことも大事です。いろいろなやり方を試しましょう。

国語 一人一人が記事を書いて一枚の新聞を作った

○ 班で新聞作りをしました。みんなで話し合いながら一つずつ記事を仕上げていましたが、「時間がかかるので記事と文字数を決めて、各自で記事を書き、それをつなげよう」と提案し、スムーズに活動できました。

社会 話し合いが行き詰まったときに、新たな学び方を提案した

○ 農業の仕事の工夫について、教科書の資料をもとに話し合いをしました。いろいろな意見がありましたが、まとまらないときに、もう一度農家の人に聞いてみようと提案しました。しっかりと見通しをもっています。

3 | 主体的に学習に取り組む態度

算数 ## 練習方法を変更して苦手意識を克服した

◯ 計算に苦手意識をもっており、繰り返し練習しましたが、なかなか上達しませんでした。練習量を増やすことでなく、時間を区切って間違えない方法を考えながら練習することで苦手意識を克服することができました。

理科 ## 予想とは違ったことがわかり、実験を丁寧に切り替えた

◯ 磁石のくっつく物を見つける学習では、電気と同じように金属でできたものが磁石につくと予想し自信をもって実験をしました。試しているうちに金属でもつかないものがあることがわかり、一つ一つ丁寧に調べました。

音楽 ## 楽しんで演奏することで間違えなくなった

◯ 音楽で演奏するリコーダーの曲は、いつも同じところで間違えます。間違えないように意識しすぎるからではないかと考え、「楽しく演奏することを心がけたらミスが少なくなった」と振り返っていました。

体育 ## 息継ぎのしやすい平泳ぎに絞って練習した

◯ 水泳運動では、クロール、平泳ぎで泳ぐことを目標に、二つの泳法を並行して練習していましたが、息継ぎのしやすい平泳ぎのほうが早く習得できるのではないかと考え、主に平泳ぎを練習し25m泳ぐことができました。

外国語 活動 ## ALTの先生にしっかり教えてもらった

◯ 英語活動では、いつもたくさんの友だちと話をすることをめあてに活動しています。これまでに学んだことを使って活動する場面では、ALTの先生に「こんなときには英語ではどう言うの？」としきりにたずねていました。

第2章 学びの姿（学力面）の所見文例 87

③ 学習課題（めあて）に向かって解決しようとしていた子

POINT 自分事となった課題解決に向けて、自分の考えをもとうとしているか、自分なりに様々な工夫を行おうとしているか、友だちとの対話を通して自らの考えを修正しようとしているかなどを大切にして評価します。

全般　聞き合いを通してめあてを考えていた

○ どの教科の学習でも、めあてをしっかり意識して取り組んでいます。根拠をもって自分の意見を整理した上で、ペアの話し合いでは相手の意見を受け止め自分の意見をしっかり伝え、再度意見を考え直し解決しています。

全般　めあてを意識して解決できなかった

△ 今、何のためにこの活動をしているのかを考えずに学習したり、自分の意見をもとうとしたりすることがあります。時折「この時間のめあては何だったかな？」と聞くことを繰り返すと意識するようになりました。

国語　情景描写から主人公の気持ちを読み取った

○ 「ごんぎつね」では、ごんの気持ちを読み取るめあてをもち、情景描写や兵十の言動からごんの気持ちを考えましたが、学び合いで自分とは違う根拠から読み取った友だちの意見を聞いて「なるほど」と修正していました。

社会　熱心に見学や聞き取りを行った

○ 「ごみのゆくえ」の学習で、毎日出されるたくさんのごみはどのように処理されていくのかということを課題にして、清掃工場を見学しました。ごみが処理されていく様子を見学し、職員の方の話を熱心に聞いていました。

3 | 主体的に学習に取り組む態度

算数 自力解決、学び合いで考えを深めた

○ 余りのあるわり算の学習で、答えはどのように処理するかというめあてに、1足すのかどうか、絵や図など、いろいろ工夫しながら自分の考えをもちました。わかりやすい図を見て、自分の図に修正を加えていました。

理科 熱心に実験や観察に取り組んだ

○ 水のすがたと温度の学習で、「水を熱したらどうなるのか」というめあてを立てて、実験をしました。進んで実験の準備をし、実験では温度の変化と水の様子の関係を観察するなど、丁寧に記録していました。

音楽 オルガンの音に合わせて声の高さを調節しながら練習した

○ 「正確に音程をとる」ことをめあてに練習を始めました。なかなか思いどおり歌えないことから、楽譜の音をオルガンで出し、その音に合わせて声を出しながら、音程を友だちに確かめてもらいました。

体育 工夫して練習し逆上がりができるようになった

○ 鉄棒運動で逆上がりができるようになりたいと、できる友だちに教えてもらったり、いろいろな補助具を試したりしながら休み時間にも練習し、上手にできるようになり、クラスの友だちから大きな拍手をもらいました。

外国語活動 たくさんの友だちと自己紹介をした

○ 「英語で自己紹介しよう」という活動をしました。名前のたずね方を学習した後、好きな食べ物、スポーツのたずね方を質問し、それを生かしてたくさんの友だちやALTの先生にも自分から自己紹介することができました。

第2章　学びの姿（学力面）の所見文例　89

4 自分事として学習に主体的に取り組んでいた子

POINT 課題が自分事になっていると、没頭して解決するまで何度も繰り返したり、様々な方法を試したりする姿が見られます。授業での発言、活動の様子、振り返りなどから、課題解決に向けて取り組む姿を見取り、記述します。

全般 課題意識を明確にもち、解決に向かっていた

○ どの教科においても、学習課題を自分事として明確に捉え、解決に向かいます。ものすごい集中力で根拠をもった自分の意見を考え、一つ考えると別の方法でも同じかどうか試して確かめます。その姿は立派です。

全般 なかなか取り組もうとしなかった

△ 自力解決では、なかなか自分の考えを整理することができず、あきらめて何も書かないことがあるようです。めあてを明確にもって、自分が何のために解決するのか、十分意識して学習に取り組むよう助言しています。

国語 自分事として物語を読むことができた

○ 「盲導犬のくんれん」の学習では、自分の飼っている犬と同じ種類の犬が取り上げられており、盲導犬への関心を高め、飼っている犬と比べながら親近感をもって詳しく読み取ることができました。

社会 課題への意識が高く熱心に取り組んだ

○ 消防署の見学では、自分の近くの家で火事があって怖い思いをしたことで、課題への意識が高く、職員の方の話を聞くなど、どうしたら火事が起こらないか熱心にたずね、新聞にまとめていました。

3 | 主体的に学習に取り組む態度

算数 ○ **学習内容をもとに自宅と学校の距離をはかった**

長さの学習で、道のりを学習しました。自分の歩幅と歩数でおおよその距離がわかることに関心をもち、自分の家と学校の距離を知りたいと、自分の歩幅を何度もはかり直していました。

理科 ○ **誰よりも速く走る車を作りたいとがんばった**

「風やゴムで動かそう」の学習で、誰よりも速い車を作りたいというめあてをもち、ゴムの長さや太さ、ねじり方などを何度もやり直しながら工夫し、ゴムの力が一番大きくなる方法を見つけることができました。

音楽 ○ **憧れの曲を吹くために一生懸命に練習した**

今年からリコーダーの学習が始まりました。指をうまくおさえられずに、音を出すのに苦労しましたが、「去年の音楽会で聞いたリコーダーの曲が吹けるようになりたい」と一生懸命に練習し、できるようになりました。

体育 ○ **様々な機会を利用して、リズム縄跳びの多くの技を習得した**

音楽に合わせて演技するリズム縄跳びの技にひかれて、できるようになりたいと願い、提示された技を習得しようと、体育の時間はもとより、休み時間や自宅でも熱心に練習に取り組み、できる技がどんどん増えました。

外国語活動 ○ **海外旅行で英語で話すために努力した**

「夏休みに海外旅行に行くので、少しでも英語で話せるようになりたい」と考え、どの時間にも真剣に取り組んでいました。特に ALT の先生に放課後も自分から積極的に話しかける場面が多く見られました。

第 2 章　学びの姿（学力面）の所見文例　91

⑤ 試行錯誤しながら学習方法を自己調整して工夫して取り組んでいた子

POINT 課題解決に向け、見通しをもって学習を進めている際、一つの考えが浮かんでも、いろいろな方法を試したり、やり方を修正したりして行きつ戻りつしながら取り組もうとしている姿を具体的に記述することが大切です。

全般 ｜ できるまで工夫して取り組んでいた

○ どの学習においても前向きに取り組み、見通しをもって課題解決に向かいます。うまくいかないことがあっても、うまくできるまで別の方法を試して、試行錯誤しながら工夫して取り組んでいます。

全般 ｜ 見通しがないと、学習が進められなかった

△ 物事に取り組み始めると、最後まできっちりやりとげます。見通しがもてないと動けないこともあるようです。やってみて、うまくいかなかくてもやり直せば大丈夫だという学習経験をしましょう。

国語 ｜ 友だちの作品を見て気づいた

○ 「くらしの中の和と洋」の学習で本作りをしました。はじめは要約や引用の違いがわからず、書き写すだけでしたが、友だちの作品を見せてもらってそれらの使い分けがわかり、自分の考えも交えて完成させました。

社会 ｜ いろいろな方法で資料を探した

○ 地域の発展に尽くした人々について調べ学習をしました。資料集だけでは知りたいことがわからないので、学校図書館の司書の先生に相談したり、郷土資料館に行ったり工夫して学習を進めていました。

3 | 主体的に学習に取り組む態度

理科 インターネットやプラネタリウムで調べた

○ 星の動きについて星座版を使って学習しました。家で夜空を観察しましたが、空が明るく星を見ることができなかったので、他の方法を考え、インターネットやプラネタリウムで調べたことを発表してくれました。

音楽 リズムのとり方を工夫して、合奏できた

○ 合奏でタンバリンを担当しました。はじめはリズムが合わずに苦労しましたが、カスタネットの演奏を見て、休みのときもリズムをとる動作を入れることを思いつき、他の楽器とリズムを合わせることができました。

図画工作 材料や用途に合わせて道具を使い分けた

○ 「ビー玉コースター」作りでは、何度も試しているうちに、切り取る形に応じてハサミやカッターを使い分けたり、つなげるときは場所や強度を考えてセロテープや接着剤を使い分けたりできるようになりました。

体育 練習の場をうまく活用して開脚前転ができた

○ マット運動で開脚前転を学習しました。何度かマットで練習するうちに、自分には回転のスピードが足りないことに気づき、スロープになっているマットで練習してコツをつかみ、とても上手にできるようになりました。

外国語活動 相手の様子を見て、適切な話し方を工夫した

○ 英語を使って班ごとに自己紹介ゲームをしました。外国に住んだ経験もあり、英語は得意ですが、班の友だちの様子を見てゆっくり話したり、わかりやすい発音で話すなど工夫して取り組んでいました。

第2章　学びの姿(学力面)の所見文例　93

❻ 最後まであきらめずに取り組み、十分に学習成果を上げていた子

POINT 努力したという行動面の傾向ではなく、最後まであきらめずに学んだ結果、知識及び技能、思考力、判断力、表現力等が身に付いたかどうかが重要です。あきらめずによりよい成果を求めて取り組む姿を記述します。

全般 粘り強く学習に取り組んだ

○ 授業中は手を挙げて発言することは少ないですが、課題には見通しを立てて自分なりの考えが確立するまで、粘り強く丁寧に解決に向けて取り組んでいます。その結果確実に学習内容を理解し、考える力がついています。

全般 難しい問題に自分から取り組めなかった

△ 与えられた問題は難なくこなしますが、少し難しくなると「わからない」と取り組まないことがあります。ゆっくり考えれば「あっそうか」と自ら理解できるので、根気よく考えると一層成果が表れます。期待しています。

国語 苦手な音読に取り組み、音読劇をやりきった

○ 音読では、読み間違えることがありました。音読劇「木竜うるし」に興味をもち、人形劇をうまく演じたいと一生懸命あきらめずに特訓した結果、見事に成果を見せ、友だちから大きな拍手をもらうことができました。

社会 調べ学習でいろいろな資料を活用した

○ 郷土の先人について調べ学習をしました。どうしてもその人について知りたかったものの、資料が少なく苦労しましたが、インターネット、学校図書館、郷土資料館などを利用し立派に新聞にまとめることができました。

3 | 主体的に学習に取り組む態度

算数 計算問題ができるようになった

○ 計算に時間がかかったり間違えたりすることが多く、どうしたら速く正確に計算できるか、方法を考えながら練習しました。すると、毎日の計算問題の小テストで、少しずつ点数がとれるようになっていきました。

理科 回路を丁寧にたどり、光電池で動く車を完成させた

○ 「電気の働き」の学習で光電池で動く車を作りました。設計図どおりに組み立ててもうまく動きませんでしたが、学習したことをもとに、回路のつながり方を一つ一つ確かめて動かない原因を突き止め、完成させました。

音楽 リコーダーで高い音をうまく出せるようになった

○ リコーダーで高い音を出すための指使いが難しく、思いどおりに音を出すことができませんでしたが、繰り返し練習し、高い音がたくさん出てくる曲も上手に演奏できるようになりました。

図画工作 1本1本丁寧に釘を打ち続け、作品を作った

○ コリントゲームを作りました。最初はこわごわ釘を打っていましたが、根気よく1本1本丁寧に打ち続けました。釘の高さも同じで、学級で一番たくさん釘を使った楽しい作品に仕上げ、称賛されていました。

外国語活動 目標をもって全員にインタビューした

○ 「When is your birthday ?」の活動では、答え方を覚えていなかったので消極的でしたが、「同じ月の友だちを見つけよう」というめあてをもち、学級の全員に質問した結果、誕生日の英語の表現が身に付きました。

第2章 学びの姿(学力面)の所見文例 **95**

❼ 苦手なことにも目標をもって挑戦していた子

POINT 中学年になると、自分の得手不得手を自覚するようになります。苦手なことでも、克服するために具体的な目標をもち、粘り強く知識・技能を獲得したり、思考・判断・表現したりしようとする姿を見取り、具体的に記述します。

全般 苦手な漢字を使う努力をした

〇 どの学習も積極的に取り組む一方、漢字を使うことが苦手でノートや作文などをひらがなで書いてしまうことがありました。学習した漢字は使うという目標を立て、辞書で調べるなど粘り強く取り組み、成果を上げました。

全般 人の話を聞くことが苦手だった

△ 知識への意欲、探究心は豊かです。自分の意見はしっかりと伝えられるのですが、人の話を聞いて深く考えることは苦手なようです。いろいろな意見に耳を傾けることに挑戦し、考える習慣を身に付けられるといいですね。

国語 苦手な漢字を書けるようになった

〇 漢字が苦手でしたが、漢字の成り立ちを学習した際に漢字への興味がわいてきたようで、成り立ちを調べて練習しようと目標をもって、毎日、自主学習で挑戦しました。結果、漢字のまとめのテストでも満点をとりました。

社会 地図記号を覚えた

〇 地図にあまり興味がもてないようでしたが、記号がどのように作られたかを学習してからは関心が高まり、地図記号を全部覚えることに挑戦し、自主学習で毎日励み、見事に目標を達成しました。

3 | 主体的に学習に取り組む態度

算数　百ます計算で速く正確に九九が言えるようになった

○ 九九が苦手で、時間がかかり、間違えることもありましたが、学級で取り組み始めた百ます計算に興味をもち、計算が速く正確にできることを目標にして取り組み、九九もスラスラと言えるようになりました。

理科　苦手な虫を成虫まで育てた

○ 畑で見つけたモンシロチョウの卵に興味をもちました。虫が苦手でしたが、成虫になるまで育てるという目標をもち、飼い方を調べ一生懸命に世話をし、羽化まで育てることができました。

音楽　音楽会で苦手なリコーダーのソロに立候補した

○ リコーダーに苦手意識をもっていましたが、音楽会でリコーダーのソロに立候補しました。本番でうまく演奏できるように、休み時間や家でも練習し、友だちに何度も聴いてもらってアドバイスをもらうなど努力しました。

体育　タブレットで自分の動きを見て、できるようになった

○ マット運動で前回りをすることをめあてにして、自分の運動する様子を友だちにタブレットで撮影してもらい、自分の動きを見ながら前回りのコツを一つずつ練習し、スムーズにできるようになりました。

外国語活動　発表が苦手だったが、ALT との対話で自信をつけた

○ クラスの友だちから注目されることが苦手で、自分から発表することはほとんどありません。英語には興味があるようで、ALT の先生と英語を使って話をすることを重ねて自信をもち、自ら発表する回数が増えました。

第 2 章　学びの姿 (学力面) の所見文例　97

❽ 友だちがわかるまで粘り強く考えを説明していた子

POINT

授業では、ペアやグループ、学級全体で学び合う活動をします。自分なりの根拠ある考えなどを知ってもらいたいという強い意欲をもって相手に伝えようと、様々な工夫をしている姿を具体的に記述します。

全般 丁寧に繰り返し説明していた

○ 話し合いでは、自分の考えだけでなく、班のメンバーの意見もみんながわかっているか確かめています。わからない友だちがいると、丁寧に何度も繰り返し説明するので、友だちからの厚い信頼を得ています。

全般 相手を意識した説明ができない

△ 何事も自分の考えをしっかりもって発表していますが、たくさん言いたいことがあり、友だちが理解できないときがあります。聞く人の側に立って話し方の工夫ができれば、○○さんのよさがもっと発揮できると思います。

国語 伝わるように工夫して自分の提案を説明した

○ 「クラスで話し合おう」の学習で、司会や提案などの役割を決めて話し合うことを学習しました。提案役として、表を使うなど工夫して一生懸命伝え、「自分の考えをわかってもらえてうれしかった」と振り返っていました。

社会 自分の体験をもとに話をした

○ 「火事からくらしを守る」の学習で、消防署の見学をまとめました。自分の家の近所に消防署があり、実際に出動する場面も見たことがあるため、そのときの様子を班のみんなに自分の言葉でしっかりと伝えていました。

98

3 | 主体的に学習に取り組む態度

算数 自分が考えたとおりに図に描いて説明した

○ わり算の計算の仕方を考える学習で、自分が考えた図を黒板に描いて説明しました。ノートに書いた考えを読むのではなく、図を指で示しながら、みんながうなずいているか確かめながら説明する○○さんは素敵でした。

理科 実験の結果の理由を説明した

○ 閉じ込めた空気と水の学習で、空気と水の違いについて実験中の様子や結果から考えたことを学級のみんなに伝えようと、どれがわかりやすいかいくつも図に描いて、説明しました。

図画工作 自分の作品の工夫したところを伝えようとした

○ 作った作品のよさを互いに見合う学習をしました。友だちから自分の作品のよさをたくさん言ってもらえましたが、もっとわかってほしいことがあり、何をイメージし、どんな工夫したのかを根気よく説明していました。

体育 考えた作戦を説明して共有し、ゲームが楽しめた

○ キックベースボールの学習をしました。得意な野球とルールが似ていることから、チームのみんなに考えた作戦を粘り強く説明すると、みんな納得できたようでした。得意ではない友だちもゲームを楽しんでいました。

外国語活動 知っている単語を並べて話した

○ 「This is my favorite place.」の活動で、自分の好きな場所とその理由を説明しようと、知っている単語を並べて、一つ一つ理解できたか確認をしながら、一生懸命に説明していました。

第2章 学びの姿（学力面）の所見文例　99

❾ 対話を通して、自分の考えを広げたり深めたりしていた子

> **POINT**
> しっかりと自分なりの考えをもった上で、友だちや地域の方、先哲の考え等との対話を通して、自らの考えを修正したり、新しい考えを創り出したり、異なった視点が生まれたりした姿を、発言や記述から具体的に評価します。

全般 クラスの話し合いをリードした

○ 学級での話し合いでは、友だちの考えや意見もしっかり聞き、なるほどと思ったことは取り入れ、新しい考えを提案し、常にクラスの話し合いをリードしています。

全般 考えの変化を述べていた

○ 友だちとの学び合い活動では、「自分ははじめはこう思っていたが、○○さんの意見を聞いて、このように考えが変わりました」と、具体的な考えの変容をよく振り返りに書いています。理解が確実なものになっています。

全般 友だちと対話することが苦手だった

△ 課題解決に向け、常に自分の考えをもっています。ただ、友だちの考えを聞きたいとは思わないようです。対話をすると、新しい考えが出てきたり、自分の考えを修正したりできるよさを実感できるといいですね。

国語 友だちの発表を聞いて、もっと詳しく調べた

○ 説明文で、要旨の学習をしました。「筆者の伝えたいことは、だいたい最後のほうの段落に書いてあることが多いのでは」という自分が気づかなった友だちの発表を聞いて、なるほどと思い他の説明文でも確かめていました。

3 | 主体的に学習に取り組む態度

社会 **友だちの発表を聞いて、ごみの減量について考えた**

○ ごみの学習で、ごみを減らす工夫について、それぞれの家で取り組んでいることを話し合いました。様々な工夫していることを知った中から、より減らせる方法を考えて、自分の家で試していました。

算数 **いろいろな計算方法からよりよい方法を見つけた**

○ たし算とひき算の筆算の学習で、計算の仕方を各自で考えて交流しました。計算の仕方は一つしか思い浮かびませんでしたが、友だちの方法を聞いて、自分で考えたのよりもっと簡単な方法があることに納得していました。

理科 **友だちの考えを聞いて理解できた**

○ 月や星の動きの学習で、なぜ、半月に見えるのかがなかなか理解できませんでしたが、観察したことからその理由について友だちの考えを聞いて、月に太陽の影が映っていることを納得することができました。

体育 **話し合って、より楽しめるようゲームのルールを考えた**

○ ゲームの学習で、学級の誰もがより楽しくゲームできるようにルールを考えました。話し合ってみると、自分では思いつかなかった考えがたくさんあり、それらのいいところを取り入れた素敵なゲームができました。

外国語活動 **英語の発音を聞き比べていた**

○ お気に入りを紹介し合う活動では、単語の発音の練習に意欲的に取り組み、友だちそれぞれに発音の仕方やアクセントが違い、聞き比べてみて ALT に一番近い発音をしている友だちに何度も聞いていました。

第 2 章　学びの姿(学力面)の所見文例　101

⑩ 学び合いのよさを実感し、主体的に他者と関わりながら課題を解決しようとしていた子

POINT 学び合いのよさを実感した子どもは、自力解決後「早く友だちの考えを聞きたい」「友だちはどう考えてるのだろう」と自ら他者との関わりを求めます。主体的に、学び合いから自分の考えを再構築しようとする姿を記述します。

全般 自分なりの考えを班や学級で積極的に発表した

○ どんな学習でも、めあてについて自分なりの考えをもつと、友だちの考えがとても気になります。似た考えでも伝え方が違ったり、根拠が違ったりするなどのよさを感じ、常に取り入れて自分の考えを再構築しています。

全般 考えの交流や話し合いに積極的でなかった

△ 考えることは楽しいようで、どんな課題に対しても自分の考えをもつことができます。自分の考えだけで満足せずに、友だちと交流しながら自分の考えや意見を更新できるよさを実感できるよう支援します。

国語 班で工夫、協力してポスターを仕上げて発表した

○ 調べたことをポスターにまとめて発表する学習で、どのようなポスターにするかグループで意見を出し合うと、「アンケートをとろう」など、なるほどと思う意見がたくさんありました。素敵な作品に仕上がりました。

社会 考えの理由を伝えることの大切さに気づいた

○ 巨大台風接近という想定で、避難をするかしないかを考える学習で、自分は避難しないと考えていましたが、友だちの発表から自分が考えなかった視点を知り、考えの理由を聞くことは大切であることに気づきました。

3 | 主体的に学習に取り組む態度

算数 自分と異なるやり方を聞いて、自分の考えを強化した

○ かけ算の筆算の学習で、各自でやり方を考えました。班で交流したとき、自分のやり方と違う考えを聞いた上で、「やはり自分の考えのほうがやりやすいのでは」と再確認できました。

理科 課題について、班で方法を考え、協力して観察した

○ 太陽の光を調べる学習で、日陰で鏡ではね返した日光が当たるとどうなるかということに興味をもち、実験の方法についての考えを根拠をもとに伝え合いました。グループとしての方法を見つけ、観察できました。

音楽 いろいろな楽器を組み合わせて、音作りを楽しんだ

○ いろいろな楽器の音の特徴を生かして音楽を作る学習をしました。それぞれの楽器の音の出し方や重ね方、リズムなどを工夫し、グループで話し合ったイメージに近づけるよう、何度も繰り返し挑戦しました。

体育 タブレットで撮影した動きを見ながらコツを話し合い練習した

○ 跳び箱運動では、はじめはうまく跳び越えられませんでしたが、タブレットを使ってそれぞれの動きを撮影し、映像を見てどこをどう改善したら跳び越えられるようになるかを話し合い、練習に取り組みました。

外国語活動 自分から進んで会話しようとしなかった

△ 英語活動では、学んだフレーズを使って ALT や友だちと何度もやりとりする機会がありますが、声をかけられても反応しない場面が見られます。内容は理解しているようですので、少しずつ努力しましょう。

第 2 章 学びの姿（学力面）の所見文例 103

⓫ 学んだことを学習や生活に生かそうとしていた子

POINT 単元の中に、生活と関連づけて考える場面を設定したり、児童に投げかけたりして、実際に学習したことを生かせる場面を作り出し、主体的に取り組んでいる姿を具体的に記述します。

全般 ノートを書くときに漢字が使えていなかった

△ 真面目にコツコツと漢字の学習に取り組んでいます。ノートや自主学習では、書けるはずの漢字をひらがなで表記しています。しっかり漢字を覚えているだけに残念です。覚えた漢字を使うように努力しましょう。

社会 水を汚さないように具体的に取り組んだ

○ 「くらしの中の水」の学習で、下水処理場を見学しました。下水処理の仕組みや職員さんの話から、下水処理の大変さと大切さを実感したようで、これからは水を汚さないようにしたいと具体的な方法を実践していました。

算数 コンパスを使ってデザインを描いた

○ コンパスの使い方を学びました。最初は上手に円を描くのに苦労しましたが、次第に上手に描けるようになりました。係活動のポスターにコンパスを使ってデザインした絵を描いて、とても目立つポスターを完成させました。

理科 学んだ法則を身の周りで見つけた

○ 冬の寒い日、窓ガラスが曇っているのを見つけ、落書きをしながら、なぜ指が濡れるのか考え、外と中の気温差で窓ガラスに水がついたことに気づき、窓を開けると曇りがとれることを発見して楽しんでいました。

3 | 主体的に学習に取り組む態度

図画工作 **学習したことを生かして、家族に誕生日プレゼントを贈った**

○ 図工の時間に作ったカードを応用して、自分で材料をそろえ、家族一人一人に応じたメッセージを添えて、誕生日プレゼントとして贈り、喜んでもらうことができました。

体育 **体の成長を学び、規則正しい生活をするようになった**

○ 保健の授業で、体の成長について学習しました。身長が低いことを気にしていましたが、成長には個人差があり、食事や睡眠など規則正しい生活をすることの大切さを学び、毎日の生活で気をつけているようです。

外国語活動 **話しかけてきた外国人と会話ができた**

○ 遠足で外国の人に出会ったとき、英語で声をかけられ、「はじめは何を言われているのかわからなかったけど、聞いたことのある言葉だったので、習ったとおり答えたら、通じたことがうれしかった」と話してくれました。

総合的な学習 **調べたことから自分にできることをやってみた**

○ 地球温暖化について調べました。学校でも家でも、電気を無駄にしないように気をつけるなど、今の自分にできることを考え、実践しています。その姿を知ったクラスの友だちにも徐々に活動が広がっています。

総合的な学習 **学習したことを活用し、お礼の手紙を書いた**

○ 総合的な学習の時間に、ゲストティーチャーとして招いた地域の方から学びました。お礼状を書く際に、国語で学習した手紙を書くときのポイントを使って、感謝の手紙を書いていました。

第2章 学びの姿（学力面）の所見文例 **105**

⑫ 単元・題材を通して、どんな力を身に付けるのか見通しをもてていた子

POINT 新学習指導要領には、主体的な学びについて「身に付いた資質・能力を自覚することが重要である」と書かれています。そのためには単元全体、1単位時間でどんな力をつけるのかを見通しておく活動が必要です。意識しながら学習している姿を記述します。

全般 単元でつけたい力を見通して課題解決に向かっていた

〇 どの教科でも、単元のはじめの時間に「この単元が終わったとき、こんな力をつけていてほしい」と伝えると、毎時間そのことを意識して課題解決に取り組み、振り返りでは力がついたかをきちんと自己評価していました。

全般 意欲的だが、見通しを立てずに活動した

△ 活動的で何にでも積極的に取り組みます。「この時間はこんな力をつけましょう」と伝えても、見通しを立てずにすぐに活動してしまうので、十分な成果が上げられなかったりすることが残念です。

国語 本時でつけたい力を予想していた

〇 「調べて書こう、わたしのレポート」の学習で、この時間は自分の考えとその理由を整理して、順序立てて文章を書く力が大事だと、考えをまとめることができました。その力を意識して黙々と書いていました。

社会 見学やインタビューを通して考えを深めた

〇 疑問に思ったことや詳しく知りたいことをインタビューする力を育もうと消防署見学をしました。施設・整備に関心をもち、消防士さんの仕事や苦労について熱心に質問することができ、メモに大事なことを残しました。

3 | 主体的に学習に取り組む態度

算数 本時でつけたい力を発表できていた

○ 問題からめあてを考えた後、「今日は○○の力をつける時間だと思います」と、本時のねらいを考えて発表していました。いつも育みたい力を意識して課題解決をしている姿は、みんなの見本になっています。

音楽 音楽会で和太鼓を演奏した

○ 「音のカーニバル」では、音の重ね方や組み合わせ方を工夫して演奏する技能を身に付けることをねらいに取り組みました。叩き方や叩く場所、バチを変えて工夫し、音を探しながら組み合わせて見事な演奏をしました。

図画 工作 彫刻刀を使い分けることができた

○ 彫刻刀にはいろいろな種類があり、彫る箇所や表現により使い分ける技能を身に付けることをねらいとして、木版画に取り組みました。試行錯誤しながら、理由も考えて「この場合はこれだ」と整理することができました。

体育 課題を見つけて水泳に取り組んだ

○ 水泳運動では、自分の課題を見つける力をねらいとして、けのびで進む距離をもっと延ばしたいと考え、友だちのよい動きを課題解決のポイントと捉えて練習に励み、見事に目標距離に到達しました。

外国語 活動 英語を使って外国の人とコミュケーションした

○ 「Hello, world!」の学習では、様々なあいさつに慣れ親しむことをねらいに活動しました。あいさつだけではなく、自分の好みなどを伝えようと、ALTの先生にたずねながら、世界のいろいろな言葉であいさつできました。

第2章　学びの姿(学力面)の所見文例　107

⓭ この時間でどんな力を身に付けたのか振り返ることができていた子

POINT 単元で、1単位時間で児童がどんな力をつけるのかを意識して解決に向かい、実際にその力がついたのかを振り返り、自覚させることが大切です。振り返りの発言や記述から読み取り、評価します。

全般 できるようになったことを振り返った

〇 毎時間の授業の振り返りでは、最初は「楽しかった」などの記述が多く見られましたが、次第に「こんなことができるようになった」と身に付いた資質・能力を自覚できるようになってきています。すばらしいことです。

全般 身に付いた資質・能力をあまり自覚できなかった

△ 学習したことを十分理解しています。しかし、この時間で身に付いた力については実感できることは少ないようです。1時間を振り返り、自分の成長を感じられるようになるといいですね。

国語 友だちと協力して音読ができるようになった

〇 音読発表会では、主人公のやさしさや思いやりはどのように読むと伝わるかを意識して友だちと話し合って練習した結果、「気持ちが伝わるように音読できるようになってきた」と成長を振り返っていました。

社会 知りたいことが出てきて、苦手だった質問をすることができた

〇 市の移り変わりの学習で、市役所の人から話を聞きました。今まではあらかじめ考えていた質問はできたのですが、この日は「話を聞いてもっと知りたくなって、別の質問もすることができた」と振り返っていました。

3 | 主体的に学習に取り組む態度

算数 友だちから認められて自信をつけた

○ 小数のかけ算では、今まで学習した見方や考え方を働かせて自分の考えをもつことをねらいに自力解決に臨みました。○○さんの説明がよくわかったと友だちに言ってもらい、次第に力がついてきたことを自覚しました。

理科 植物を比較して、違いや同じ点を理解した

○ 植物の育ち方では、植物同士を比較して、差異や共通点を見出す力を意識して観察していきました。葉の色・形・大きさなどに着目し、それぞれは違っても、育ち方は一緒であることに気づいていました。

図画工作 色の混ぜ方、水の量を調節することでうまく描けた

○ 絵の具を使って夕空を描き、その中にシルエットをはり、夕方の風景を描きました。夕空を思い浮かべながら、少しずつ色を加えたり、水の量を増やしたりしながら仕上げ、描く技能が上達したと振り返っていました。

体育 練習方法を工夫してできるようになった

○ 体育で高跳びを学習しました。「より高く跳ぶための技能を身に付けるのでは」と、導入で発言した○○さん。自分の苦手なポイントに応じて練習の場を変え、課題を一つ一つ克服していきました。

外国語活動 英語で簡単なやりとりができた

○ 「What do you like ?」の学習をしました。何が好きかをたずねたり、答えたりする語や表現に慣れ親しむことをねらいに、たくさんの友だちに英語で質問し、「もっと友だちに質問したい」と振り返っていました。

第2章 学びの姿（学力面）の所見文例 109

⑭ 学習方法を振り返り、よりよい学習方法のあり方を考えることができていた子

POINT 授業の終わりに次時に向けたよりよい学習方法について振り返るとともに、自分の学習の進め方を見直しながら課題解決を進めていく姿を発言や記述から見取り、記述します。

全般 身に付いた力とともに、学習方法についても振り返っていた

〇 どの授業においても、単元終了後、今までの学習を振り返り、どんな力がついたのか自己評価するとともに、自分が進めてきた学習方法について、もっとよい方法はなかったのかを見直す姿は大変立派です。

国語 自分なりの学習方法を工夫してほしかった

△ 漢字の学習では、一生懸命練習はしているものの、なかなか成果が出ないと振り返っていました。間違えやすい漢字を繰り返し練習してみるなど、自分なりの方法を工夫して取り組んでみましょう。

社会 調べ学習の方法を見直していた

〇 火災から安全を守る働きについて調べ学習をしました。はじめは消防署を見学したり、働く人にインタビューしたりしてまとめようとしましたが、地域の取組みがあることに気づき、急きょ調べ直して地域に出かけました。

算数 決められたやり方でしかやらなかった

△ L字型の面積を求める学習では、長方形に分けて求める方法を見つけて満足してしまい、他の方法については考えようとしませんでした。様々な方法で問題を解く楽しさを実感できるよう、支援していきます。

3 | 主体的に学習に取り組む態度

理科 ｜ 方法を見直して実験しようとした

○ 「水のすがたと温度」の学習では、沸騰するときの泡の正体について調べるための実験方法を考えました。「空気ならどうなるか」「見えない水ならどうなるか」という視点で、再度実験方法を見直しました。

音楽 ｜ 友だちと一緒に練習してできるようになった

○ 音楽発表会に向けて練習をしました。同じパートの友だちと練習することで自分の演奏に自信をもつことができたようで、「一人で練習するより、友だちと教え合いながら練習できてよかった」と学習を振り返っていました。

体育 ｜ 振り返りながら作戦を変更していた

○ タグラグビーでは、はじめはボールをもっている人と全員があまり離れない作戦で練習していましたが、なかなかパスが通らないことから、一人だけ少し離れたところに行く作戦を使うと、トライすることができました。

外国語活動 ｜ 自分から進んで活動することが大事なことに気づいた

○ 6年生がお店屋さんになり、いろいろなお店を回って英語を使って買い物をする学習をしました。あまりお店を回れなかったようで、「次にやるときは自分からどんどん話しかけたい」と振り返っていました。

総合的な学習 ｜ 学習の進め方を状況に応じて変更していた

○ 「○○川の魅力を伝えよう」では、川や周辺の環境を学習した後、課題を設定して学習の進め方を検討しました。情報がたくさん集まりすぎたため、急きょ進め方を見直し、思考ツールを使って整理しようと考えました。

第2章 学びの姿（学力面）の所見文例 **111**

第 **3** 章

「特別の教科　道徳」の所見文例

「特別の教科 道徳」の評価の考え方

1 評価の基本的な考え方

　道徳科で評価するのは、道徳性そのものではなく、学習状況や道徳性に係る成長の様子です。

　道徳科で養う道徳性は、児童が将来いかに人間としてよりよく生きるか、いかに諸問題に適切に対応するかといった個人の問題に関わるものです。そのため、道徳的価値の理解に関する評価基準を設定したり、道徳性の諸様相を分節して、数値によって表す観点別評価を行うことは妥当ではありません。そこで、道徳科の評価は、数値による評価ではなく、記述式で行います。その上で、評価にあたっては、大きく以下の3点に留意しましょう。

❶ 内容項目ごとではなく、大くくりなまとまりをふまえて評価する

　「礼儀」「思いやり、親切」など、個々の内容項目の学習状況を把握するのではなく、様々な内容項目の学習を概観することが求められます。

　児童の学習状況におけるよさや成長の様子を継続的かつ総合的に把握していきます。

❷ 相対評価ではなく、児童の成長を認め、励ます個人内評価とする

　個人内評価とは、他の児童との比較ではなく、一人一人の児童の成長を評価するものです。児童のよい点をほめたり、さらなる改善が望まれる点を指摘したりするなど、児童生徒の発達の段階に応じ励ましていく評価が求められます。

❸ 児童の具体的な取組状況を一定のまとまりの中で見取る

　道徳科で養う道徳性は、中・長期的に児童の変容を見ていくことが必要です。1回1回の授業の中で、すべての児童について評価を意識して、よい変容を見取ろうとすることは困難であるため、年間35単位時間の授業という長い期間の中でそれぞれの児童の変容を見取ります。

1 | 道徳の評価の考え方

2 評価のための具体的な方法

　児童を見取るための具体的な方法には、次のようなものがあります。

・児童の学習の過程や成果などの記録を計画的にファイル等に集積して活用する

・授業時間に発話される記録や記述などを、児童生徒が道徳性を発達させていく
　過程での児童自身のエピソード（挿話）として集積し、評価に活用する

・作文やレポート、スピーチやプレゼンテーション、協働での問題解決といった
　実演の過程を通じて、学習状況や成長の様子を把握する

3 通知表所見を書く際のポイント

　所見文を書くにあたっては、まず「大くくり」で捉えることが大切です。道徳
科の学習活動における児童の取組状況や成長の様子を一定のまとまりの中で見取
り、特に顕著なよさを認め評価します。児童や保護者によりわかりやすく伝える
必要がある場合には、その後に「特に」という言葉を添えて、教材名や内容項目
を入れ、具体的なエピソードや取組状況を伝えることが望ましいでしょう。

例）教材で考えたことから、これまでの自分の行動や考えを見直すことができま
　　す。特に「絵はがきと切手」では、「友だちを信頼する」とはどうすることかを
　　考え、自分は本当の意味で友だちを信頼しているかと考えていました。

第3章　「特別の教科　道徳」の所見文例　115

一面的な見方から多面的・多角的な見方へ発展している

 道徳的価値に関わる問題に対する判断の根拠や心情を様々な視点から捉え、考えようとしていること

POINT 教材では、道徳的価値について様々な考え方の人物が登場したり一人の登場人物が悩んだりします。そこでの判断の理由や心情を理解しようとしたり、様々な視点から考えようとしたりという学びの姿勢を見取り、大いに認めることが大切です。

友だちとの話し合いで、視点を広げていた

○ 話し合いの活動を通して、自分の考えを広げていました。特に「心と心のあく手」で親切について考えたときには、登場人物の取った行動の理由を友だちと話し合いながら視点を広げて発表していました。

積極的に自分の考えを発表していた

○ いつも登場人物の考え方について、自分の意見をしっかりともっています。特に「絵はがきと切手」では、お母さん、お兄さん、そして主人公それぞれの考え方や行動について、その理由を明確に発言していました。

友だちの意見を聞きながらじっくりと考えていた

○ 登場人物たちの行動について、まずは自分でそう行動する理由を考えました。その上で友だちの意見を聞き、じっくりと考えを再構築しました。いろいろな立場での考えや理由から本当の○○とは何かを考えました。

2 | 多面的・多角的な見方への発展

友だちの役割演技から、考えを深めていた

○ 役割演技から、登場人物の行動にはどんな意味があるのかを考えていました。特に「卓球は四人まで」では、「もう一度仲良くすること」の難しさと大切さについて、様々な視点から没頭して考えていました。

いろいろな視点から考えていた

○ 判断の理由をいろいろな視点から考えをもつことができていました。特に「雨のバスていりゅう所で」では、なぜきまりを守らないといけないのかについて、主人公以外の様々な立場から考えて発表していました。

過去に学んだ教材と関連させながら考えていた

○ 以前に学習したことを思い返しながら発言する姿がありました。「卓球は四人まで」では、「同じなかまだから」の学習と重ねながら、登場人物たちの判断を捉えて「友だち」について考えたことを発表していました。

友だちの考えを丁寧に聞いていた

○ いつも登場人物の考え方について、様々な視点からの考えを取り入れています。特に「まどガラスと魚」では、主人公が「正直にしたい」と思った理由を友だちから丁寧に聞いて、自分の考えを広げていました。

自分の考えを伝えることができた

○ いつも道徳ノートに友だちの意見を聞きながら考えたことを書いています。「ぼくの草取り体験」では、主人公が働く理由について周りのためだけでなく、自分のためにもなることを自ら伝えることができました。

第3章 「特別の教科 道徳」の所見文例 117

❷ 自分と違う立場や感じ方、考え方を理解しようとしていること

POINT 中学年は、友だちとの活動範囲が広がり、交流が深まっていく時期です。教材や友だちの意見を聞くことを通して自分になかった感じ方や考え方に気づき、物事の捉え方を広げたり、価値への理解を深めたりします。

友だちと自分の考えの違いに気づき、考えを深めていた

○ いつも友だちと自分の考えの違いに気づき深めていました。特に「命」について、「一つしかないから大切」と考えていましたが、「周りの人にとっても大切」という友だちの考えに理解を深めていました。

友だちの意見を聞いて考えを深めていた

○ いつも自分になかった考えを取り入れようとしています。「正直のよさ」について、「気持ちがいい」と発表しながらも、友だちの「信じてもらえる」という考えに拍手を送り、他のよさもあるはずと探していました。

友だちの意見を聞きながらじっくりと考えていた

○ 登場人物の行動や考え方について話し合ったときには、友だちの考えをしっかりと聞いて、はじめの自分の考えと友だちの意見との共通点や相違点をノートに書きながら、考えを広げてどんどん書き加えていました。

友だちの意見から、理解を深めていた

○ 登場人物の考え方に対して友だちの考えを聞きながら理解を深めていました。「どんどん橋のできごと」では、話し合いから主人公の心の弱さにも触れ、「よく考えて行動すること」の難しさと大切さを見つめていました。

2 │ 多面的・多角的な見方への発展

積極的に意見を発表しながら、理解しようとしていた

○ いつも教材の主題についての意見をしっかりともっています。登場人物の考え方などについて、自分と違う考えにも心を向け、取り入れながら、いろいろな考え方や感じ方があることに気づいていきました。

対話を通して価値への理解を深めた

○ いつも道徳ノートに友だちの考えをたくさん書いていました。「絵はがきと切手」では、友だちとの対話を通して、「時には注意し合いながらも信じることができる友だち」のよさにも気づいていきました。

いろいろな立場の行動について理解している

○ いろいろな立場の行動について理解しようとしています。特に「ヒキガエルとロバ」では友だちの考えを聞いてもう一度考えたり、たずねたりして、もっと価値への理解を深めようとする姿が見られました。

自分とは違う意見に気づき考えを広げることが苦手だった

△ 主人公の判断の理由などを考えるときは、自分の意見をもつことができます。友だちの考えを聞くことを通して、自分とは違う、いろいろな考え方があることに気づき、さらに考えを広げていけるといいですね。

自分の考え方とは違う登場人物の考え方を理解しようとした

○ 自分とは違う登場人物の行動や考え方について、友だちの意見を聞きながら考えを深めていました。特に「まどガラスと魚」では「自分ならすぐ謝るのに……」と言いながらも逃げたくなる気持ちに寄り添っていました。

第 3 章　「特別の教科　道徳」の所見文例　119

❸ 複数の道徳的価値の対立が生じる場面において取り得る行動を多面的・多角的に考えようとしていること

POINT 自分の仲の良い友だちの考えを優先しがちな中学年期。教材には登場人物によって選択する行動や大切にしている考えが自分とは違っていることがあります。それぞれの行動を多面的・多角的に考えている姿を具体的に記述しましょう。

友だちの考えをじっくりと聞いて多面的に考えていた

〇 友だちの意見をじっくりと聞きながら多面的に考えていました。特に「少しだけなら」では「がまんが必要」「約束は守らないと」など主人公がすべきだと思うことを様々な視点から考え、その理由まで考えていました。

多くの考えに気づいていった

〇 登場人物にできることを話し合うことで、たくさんの考えに気づいていきました。安全についての学習では「約束の時間を守ることよりも、自分の命を守ることのほうがたくさんの人がうれしい」と語っていました。

登場人物の状況をつかみ、意欲的に考えていた

〇 どんなことができるのだろうと登場人物の立場に立って考えていました。誰もが楽しくなるためには、ゲームに勝つ喜びと全員参加の喜びのどちらが必要なのかと、悩みながらも理由を考え続けていました。

友だちの発表から、考えを深めていた

〇 友だちの役割演技から登場人物の取り得る行動を考えることで、一つの「道徳的価値」を複数の立場から考えたり、一つの事柄を複数の「道徳的価値」から考えたりすることができました。

2 | 多面的・多角的な見方への発展

積極的に意見を発表しながら、考え続けていた

○ 登場人物がすべきだと思うことや、その理由をどうしてそうしたいのかを話し合うことで、自分とは違う考え方を知ったり、新しい視点をもったりしながら、相手の立場を考えることの大切さに気づいていきました。

理由を明確にして、取り得る行動を考えていた

○ 登場人物の立場ですべきことを、その理由を明確にして考えています。「絵はがきと切手」では、ミスを知らせなくても友だちを大切に思う気持ちは同じだが、本当の友だちなら知らせるほうがいいと発言していました。

多様な方法を考えようとしていた

○ ガラスを割ってしまった主人公の気持ちを考えるのではなく、この後取れる行動にはどのようなものがあるかを考えることで、同じ謝るのでも多様な行動があり、よりよい方法はどれかを考えることができました。

登場人物の行動やその理由について考える力がついてきた

△ 登場人物がそのとき、どんな気持ちだったのかという心情については十分理解できています。登場人物の行動にはいろいろな理由や判断があることにも少しずつ気がついてきています。

様々な視点から考えていた

○ 「ずる」をしてその場から逃げ出してしまった主人公がこの後、相手に対して取ることができる行動にはどのようなものがあるのか、どうしてそうすることがよいのかと、様々な視点から考えていました。

第3章 「特別の教科 道徳」の所見文例　121

3 道徳的価値の理解を自分自身との関わりの中で深めている

❶ 登場人物に自分を置き換えて考え、理解しようとしていること

POINT 登場人物に自分を置き換えて考えることは、自分の経験をもとに、登場人物の悩みや喜び、その理由に共感したり、自分ならどうするかと考えたりしながら投影的に道徳的価値を理解することにつながります。その様子に着目し記述しましょう。

たくさん発表しながら、気づきがあった

○ 登場人物に自分を重ねながら行動やそのよさなどを考えることができます。特に「まどガラスと魚」では、正直にすることは自分の心がすっきりするだけでなく、人とのつながりをよいものにすると気づいていました。

登場人物の考えを豊かに捉えていた

○ 登場人物になりきって考えを捉えることができます。「お母さんのせいきゅう書」では、涙でいっぱいになった主人公に共感しながら、自分を大切にしてくれている家族について、自分にできることを考えていました。

自分の経験と重ねて考えていた

○ いつも登場人物と自分の経験とを重ねて考えています。あいさつについて考えた時には「自分も同じようなことがあった」と言いながら、主人公の考えたことを豊かに捉え、あいさつのよさについて理解を深めていました。

3 | 道徳的価値と自分自身との関わり

登場人物になって、考えを深めていった

○ 役割演技を通して、「自分が登場人物だったら……」と考えていきました。「心と心のあく手」では、「ぼく」を演じながら、一生懸命に相手のことを思い、自分にできることをすることのよさに気づいていきました。

友だちの考えを聞きながら考え続けていた

○ 登場人物に自分を重ねて考え、友だちの意見もをしっかりと聞いて受け止めることで、さらに考えを深めていきました。「ヒキガエルとロバ」では、自分の周りにある小さな命にも心を向けて考えていました。

積極的に自分の考えを表現したり発表したりしていた

○ いつも役割演技に立候補し進んで取り組んでいました。主人公に自分の気持ちを重ねてなりきって演じ、みんなに考える機会を作っていました。演じてみて、新たに気づいたことなどもたくさん発表していました。

自分を置き換えて考えることに戸惑っていた

△ 主人公に自分を重ねることが難しかったようです。しかし、「自分ならどうするか」という友だちの考えを聞いているうちに、自分の経験をもとに主人公の行動や考えについて次第に考えていくことができました。

生活や経験をもとに考えることができるようになってきた

○ 「電池がきれるまで」では、登場人物に思いを寄せて考える中で、自分なら「命を大切にする」にはどうするかを、生活や経験をもとに考えることができました。

第3章 「特別の教科 道徳」の所見文例　123

❷ 自分自身を振り返り、自らの行動や考えを見直していること

子どもたちが、道徳的価値について考えたことや、これまでの自分の経験や考え方を見つめることによって、自分の成長を自覚したり、さらに深く考えたり、これからの課題にも目を向けて考えていこうとする姿を大切にします。

じっくりと考えてノートに書いていた

〇 家族についての学習では、家族が自分のことを大切に思い支えてくれていることに気づきました。これまでの自分を見つめ、家族みんなが協力し合っていけるように、さらに自分にできることを考え直しました。

よりよい行動や考え方を前向きに見直していた

〇 いつも主人公に共感しながら自分と重ね、自分だったらどうするのかを考えています。そして今の自分を見つめ、よりよい行動や見方、考え方等について前向きに考え直している姿に感心しています。

自分の課題を素直に受け止めていた

〇 学習したことから自分自身を振り返り、自分の行動を素直に見直しました。「まどガラスと魚」の学習では、自分を見つめ、正直にできなかった経験を思い出し、これからの自分に大切なことを考えていました。

自分の成長と課題を整理していた

〇 本当の友情について考えたとき、自分のこれまでを振り返ると、相手のことを考えて行動できるようになってきたと成長を自覚していました。主人公とは違い、注意までできていないことを見直そうと考えました。

3 | 道徳的価値と自分自身との関わり

教材で考えたことをもとに自分の考えを見直していた

○ 教材で考えたことから、これまでの自分の行動や考えを見直すことができます。「絵はがきと切手」では、「友だちを信頼する」とはどうすることかを考え、自分は本当の意味で友だちを信頼しているかと考えていました。

自分の考え方の成長に目を向けていた

○ 学習を通して、自分の考えの成長に気づいていきました。「心と心のあく手」では、「今まで手伝いが親切だと思っていたが、大切なのは相手のために一生懸命考えることだと気づいた」と自分の成長を見つめていました。

登場人物を通して、価値を考え直していた

○ 学習したことを振り返る中で、自分が考え直したことをペアの友だちに伝えていました。特に「ヒキガエルとロバ」では、命の大切さについて考え直すことができました。

よりよくなりたいと意欲を高めていた

○ 何事にもあきらめない主人公の姿から、自分も強い意志で行動していく大切さに気づき、そのために粘り強く努力していきたいという強い意欲が伝わってきました。

自分の成長や課題を見つめ直していた

△ 友だちの振り返りを聞いて、自分の考えに生かしていました。友だちの発言をうなずきながら聞き、そこから自分の成長や課題をじっくりと見つめ直そうとする力がついています。

第 **3** 章 「特別の教科 道徳」の所見文例 125

③ 道徳的な問題に対して自己の取り得る行動を他者と議論する中で、道徳的価値の理解をさらに深めていること

POINT 自分事として取る可能性のある行動について、友だちだけではなく、保護者など大人との対話からも、他者の多様な考え方や感じ方に触れる中で、道徳的価値の意義について考えを深めていく様子を見取り、記述します。

友だちの考えを価値理解につなげていった

○ 「自分だったらこうする」という視点で考えています。「同じ仲間だから」では、葛藤しながらも「同じ仲間だ」と言えたとも子の判断の理由について、友だちのたくさんの考えを参考に価値理解につなげていました。

対話しながら考え直していた

○ いつも対話しながら考えを深めています。「親切」とは何かについての学習では、「相手の気持ちを考える行動」だと考えていましたが、「相手のことを思い、相手のためになることをすること」だと考えを広げていました。

対話により価値理解を深めていた

○ 自分が取ろうとする行動について対話することで、そのよさについて理解を深めています。「努力」について、目標に向かう粘り強さだけではなく、苦しくてもあきらめない強い意志も大切だと考えを深めていました。

話し合いの中で以前の学習と関連させて考えている

○ 「卓球は四人まで」で「友だち」について話し合うと「同じなかまだから」での学習を思い出しながら「友だちとつながること」について自分にできることや考えをみんなに伝えながら、話し合っていました。

3 | 道徳的価値と自分自身との関わり

友だちの考えから自分の考えを深めていた

○ 「生命」についての学習では、限りある生命を大事に生きていくと考えていましたが、友だちの「誰かに支えられている」という考えから「自分だけのものではないからこそ懸命に生きる」と考えを深めていました。

対話により価値を実感していた

○ 自分は正しいことと知りつつもそのことをなかなか実行できないことについて、友だちと話し合う中で、よくないことを勧められたときに、周囲に流されずきっぱりと断ることの大切さを実感していました。

よりよい行動について考えを広げていた

○ どの教材においても、主人公に共感して、自分だったらどう行動するかを考え、友だちと話し合います。その対話の中で、よりよい行動とそのよさについてさらに考えを広げることができました。

話し合うが価値が深まらなかった

△ いつも自分の問題として考え、友だちと話し合っています。来学期は、自分と友だちの考え方や感じ方の共通点や相違点に気づき、さらに自分の価値についての考え方を広げたり深めたりできるといいですね。

対話を通して道徳的価値の理解を深めていった

○ 登場人物の行動から、日常生活の様々な場面で自分が取り得る行動を、いろいろな友だちの考え方に触れる中で、それぞれの教材の主題についての理解や見方がどんどん深まっていく○○さんの姿には驚かされます。

第3章 「特別の教科 道徳」の所見文例 **127**

❹ 道徳的価値を実現することの難しさを自分のこととして考えようとしていること

POINT 周囲に流されやすくなる中学年期。登場人物の様々な状況から深めた道徳的価値を自分事として捉え、その大切さを理解しながらも、今の自分にある心の弱さを見つめたり、今後どのように道徳的価値を実現しようと考えたりしている姿を見取り、認めましょう。

自分の経験と重ねて考えていた

◯ いつも登場人物に自分を重ねて考えています。特に「金色の魚」では、自分が欲張りをした経験をみんなに伝えながら、「度を越さない」ことの難しさと大切さを考えていました。

登場人物に寄り添いながら考えていた

◯ 登場人物の迷いを自分のことのように考えていました。特に「まどガラスと魚」では、正直に言えない主人公の気持ちに寄り添いながら「わかっていてもなかなかできないときがある」と自分を見つめていました。

友だちの考えを聞きながら今の自分を捉えていった

◯ 友だちの考えをもとに、今の自分を見つめて振り返っていました。「正しいと思うことを勇気をもって言うことが大切なことはわかった。できるかなと思ってしまうけれども、少しずつ挑戦したい」と考えていました。

積極的に考えを発表していた

◯ 学習したことと自分を重ねて発表していました。「相手のことを理解すること」ではその大切さだけでなく、自分の考えや気持ちだけで腹を立ててしまう自分がいることを見つめ、行動を見直そうと考えていました。

3 | 道徳的価値と自分自身との関わり

これまでの自分を素直に振り返っていた

○ 教材と自分の経験をつなげて考え、自分を見つめていました。あいさつについての学習では、「自分も緊張してなかなかできない」と言いながらも、あいさつのよさに心を向けやってみようという気持ちをもちました。

よりよい行動を考えている

○ 「自分はどうかなぁ」といつもお話を自分に置き換えて考えていました。登場人物の行動や考えを理解し、よりよい行動を考えれば考えるほど「その場面で自分にできるかなぁ」と今の自分を見つめて考えていました。

価値の実現の意欲を高めていた

○ 正しいと思ったことを行う勇気の大切さに気づき、自分事として、「そう簡単にはいかないかもしれないけれど、自分の生活でもそう行動したい」と意欲を高めていました。たくましさを感じました。

自分を見つめ直し、価値実現の意欲を高めていた

○ 粘り強くあきらめないことの大切さを理解しました。そして自分を見つめ直し、難しいことだけれど自分で決めた目標に向けて、強い意志をもってやってみたいと、意欲を高めていました。

よりよくなりたいと考えていた

○ 「はたらくこと」について話し合ったときは、「当番の仕事とか面倒だと思ったときがある」と自分を振り返り、「もう少しみんなのことを考えて一生懸命仕事をする自分になりたい」という気持ちを強くしていました。

第3章 「特別の教科 道徳」の所見文例　129

第4章

育ちの姿（生活面）の所見文例

1 基本的な生活習慣

① 心の込もったあいさつや丁寧な言葉づかいができる子

POINT
あいさつや言葉づかいは、礼儀正しい生活をしている指標の一つです。あいさつや言葉づかいが周りにどのようないい影響を与えているか、詳しく記しましょう。短所を捉える場合には、その言動に至った理由への理解も示しましょう。

日常 明るいあいさつがしっかりと身に付いていた

○ 「おはようございます」と地域のみなさんにも、目を見て体を向けて元気なあいさつをしています。このあいさつで地域のみなさんと顔見知りとなって見守っていただいているんだと常に感謝している○○さんは素敵です。

日常 相手の気持ちに立った言葉づかいができていた

○ 来校されるお客様に自分からあいさつをして、丁寧な言葉で会話をすることができます。また、友だちが困っているときなど、常にやさしく話しかけており、みんなのよきお手本となっています。

日常 言葉づかいが乱暴になってしまうことがあった

△ 正義感が強く、だめなことはだめだときちんと友だちに伝えられる姿は立派です。しかし、言葉が少し乱暴になってしまう場面も見られました。丁寧に相手が納得できるように話せると、なおよいでしょう。

132

1 | 基本的な生活習慣

❷ 時間やきまりを守って落ち着いた生活を送っている子

POINT 時間を守るだけでなく、見通しをもって有効に活用できているかどうかが評価の観点になります。また、きまりを進んで守り、節度ある生活を送ることも大切です。具体的な子どもの姿や様子をしっかりと見取りましょう。

日常 時計を見ながら行動していた

〇 今学期に学級で取り組んだ「チャイムスタート」により、時計を見ながら行動する習慣が身に付きました。次にすることを考えながら、行動する姿勢は、みんなのよきお手本となりました。

日常 安全に努めた行動ができていた

〇 廊下をいつも静かに右側通行する〇〇さんの姿は、学級のよきお手本です。自分のことだけでなく、廊下を走る低学年の子を見ては、理由とともにやさしく注意する姿には、先生はいつも感心させられます。

日常 時間を有効に活用できなかった

△ 明るく、何事にも意欲的に取り組んでいます。一方で、夢中になりすぎて、時間や規則を守れないことがありました。限られた時間の中で、今何をしなければいけないのかを常に考えて行動ができるといいですね。

日常 時間に余裕をもって行動していた

〇 常に次の活動を意識した行動ができていました。準備を済ませ、授業や給食が始まるまでの時間を有効に活用し、前時の復習や読書をして過ごすなど、時間に余裕をもって行動する姿は立派です。

❸ 整理・整頓がしっかりとできる子

POINT 自ら整理・整頓ができるということは、物や時間の管理や有効な使い方ができ、そのことが節度のある生活へとつながります。具体的な子どもの姿や様子をしっかりと認めることがポイントです。

日常　自分の所有物を整理・整頓できていた

⭕ 机周りや机の上の教科書・ノート類、ロッカーの中に置いている物をきちんと整理できています。自分の準備が終わった後に、周りの友だちに声かけや手伝いをしている姿にいつも感心させられます。

日常　みんなで使う物の片付けができていなかった

⚠ 本を読むことが大好きで、学級文庫の本を進んで読む姿が印象的です。しかし、読んだ本を戻さずに、そのまま帰るということがありました。みんなのことを考えて、読んだ本はもとに戻すことを心がけましょう。

授業　授業の準備を早く終わらせていた

⭕ 机の中がいつもきれいに整頓されているので、次の授業の準備を早く終わらせることができています。授業までにできた時間を予習や復習に充てる◯◯さんの姿は、よきお手本として学級全体に紹介しました。

学級活動　みんなで使う掃除用具の片付けができていた

⭕ 清掃後には、自らチェック表を作成し、毎回ほうきやちりとりなどの向きをそろえたり、数を数えたりしてロッカーをきれいに整理しています。「いつもありがとう！」と友だちからたくさんの称賛の声が上がりました。

1 | 基本的な生活習慣

❹ 持ち物を大切にする子

> **POINT** 持ち物を大切にしているかどうかは、日頃の子どもの様子をしっかりと観察していないと把握できません。個人の所有物の管理だけでなく、みんなで使う物の扱いも大切にしているか注意して観察し、高く評価しましょう。

〈授業〉周りの安全も考えて、物を大切にしているか注意を払っていた

○ 絵の具セット等を片付ける際、放り投げる友だちに「投げたら人に当たって危ないし、卒業まで使う道具だからやさしく入れよう」と発言していました。何事も丁寧に取り組む○○さんだからこそ、説得力がありました。

〈学級活動〉みんなの物を大切にするよう呼びかけていた

○ 自分の物はもちろん、みんなで使う物の扱いがとても丁寧です。特に給食では、「食器は、調理員さんが心を込めて作ってくださる給食を入れ、毎日洗っていただくものだから大切に使おう」とみんなに呼びかけていました。

〈学級活動〉掃除用具を乱暴に扱っていた

△ 何事にも一生懸命に学校生活を過ごしています。一方で、掃除時間に張り切りすぎて、ほうきなどの用具を乱暴に扱ってしまうこともありました。道具を長く大切に使うことの意義について一緒に考えました。

自分の物もみんなの物も大切に扱っている

○ 文具品をはじめ、身の回りの持ち物を、いつも丁寧に大切に使っている○○さん。それは、学級などみんなで使う物についても変わりません。「長持ちさせたい」という強い気持ちが表れています。

健康・体力の向上

❶ 積極的に運動に取り組む子

POINT 低学年期には、喜んで運動場へ出ていた子も、中学年になると室内遊びを好むようになってきます。運動や外遊びに親しんでいる姿を高く評価し、運動好きな子どもを育んでいきましょう。

日常 休み時間に外へ出て、元気に遊んでいた

○ 休み時間には、積極的に外に出て友だちとボールを使った遊びや鬼ごっこをして、元気よく遊んでいました。「外に行こう！」といろいろな友だちに声をかけて楽しんでいる姿が印象的でした。

日常 進んで体を動かすことをあまり好まなかった

△ 休み時間に友だちに誘われて鬼ごっこをしました。進んで運動することを好まなかった○○さんですが、汗をいっぱいかきながら「面白かった！」と、満足気に帰ってきました。体を動かす楽しさを実感しました。

授業 縄跳びに積極的に取り組んでいた

○ 体育の時間では縄跳びに熱心に取り組み、休み時間などでも意欲的に練習に励んで、二重跳びができるようになりました。○○さんの取り組む姿勢がクラスに広まり、今ではたくさんの友だちが縄跳びに取り組んでいます。

2 | 健康・体力の向上

❷ 運動する習慣を身に付けている子

POINT 運動をする習慣を身に付けることは、行動の記録の中学年の評価の趣旨となっているように重要な視点です。体育で学習したことなどを休み時間や実生活に生かしているかどうかをしっかりと観察し、積極的に評価しましょう。

日常 ボール運動に継続的に取り組んでいた

○ 何事もコツコツと努力を重ねることができる○○さん。苦手なボール運動も、休み時間や放課後、おうちでも毎日取り組むことで、とても上手になりました。しっかり習慣づきましたね。

日常 苦手なことに繰り返し挑んでいた

○ なかなかできなかった逆上がり。繰り返し練習を重ねることで、できるようになりました。達成感を味わった○○さんは、その後も毎日練習をし、鉄棒の他の技もできるようになり、みんなを驚かせていました。

日常 何事に対してもあきらめがちだった

△ 体を動かすことが大好きな○○さん。しかし、うまくできないことがあるとすぐにあきらめてしまうことがありました。繰り返し取り組むことで、できた喜びを味わうことができます。続けて練習できるといいですね。

日常 体育で学習したことを継続的に取り組んでいた

○ 体育で学習した短縄を使った「いろいろ跳び」。学習後も休み時間に友だちと運動場で練習に励む姿が見られました。二重はやぶさや三重跳びなどの難易度の高い技を次々と決める姿に、努力の跡がうかがえました。

③ 自分の健康について気をつけることができる子

POINT　「手洗い・うがい・歯磨き」をしているかしていないかだけではなく、何のためにどのように取り組んでいるのかなど、より具体的に記述すると保護者にも伝わりやすくなります。

日常　健康管理ができていた

〇　早寝・早起きなど、規則正しい生活を心がけています。給食では栄養のバランスを考えて作られていることを理解し、嫌いなものも残さず食べています。常に健康のことを考えて行動できる姿は立派です。

日常　周りに声かけをしていた

〇　うがい、手洗い、歯磨きが習慣化できている〇〇さん。〇〇さんの素敵なところは、友だちにもその大切さを伝え、一緒に取り組んでいるところです。〇〇さんのおかげでクラス全体のよき習慣となっています。

日常　夜遅くまでゲームをしていた

△　休み時間には元気いっぱいに遊んでいますが、授業中あくびをしていることがあります。夜遅くまでゲームをしているようですが、十分な睡眠はこれからの成長に大切です。時間を決めるなど、ルールを作りましょう。

日常　自分の体の状態を把握していた

〇　朝の健康観察では、「元気です」や「しんどいです」だけでなく、「昨日に比べて」や「よく眠れなかったので」など、状態や理由をきちんと説明して教えてくれました。自分の健康を常に意識している姿は大変立派です。

2 | 健康・体力の向上

④ けがに気をつけて元気に活動できる子

POINT 中学年段階では、けがが少ないことだけではなく、子どもの安全に対する意識のもち方や考え方など、見えない部分についての評価を書き記すようにしましょう。

日常 安全に気をつけながら活動していた

○ 外遊びが好きで、友だちを誘って遊んでいる姿をよく見かけました。その際にも、事故やけがのないように、ルールを進んで守り、安全に気をつけながら活動することができました。

日常 見通しをもち、慎重に行動していた

○ 活動的でありながら、一方では何事に対しても慎重に行動できる力をもっています。特に、事故やけがが予想されるようなことには、周りの友だちにも呼びかけ、注意を促してくれています。

日常 見通しをもった行動ができず、けがが多かった

△ 休み時間などは外に出て、様々な遊具を使って遊んでいました。一方で、無茶な行動をとって、擦り傷や切り傷などのけがをすることもありました。安全に遊ぶ方法を考えて、けがには十分に気をつけるようにしましょう。

日常 低学年にやさしく注意していた

○ 廊下を走っていて、けがをしてしまった下級生に「大丈夫？」と声をかけ、けがを見てあげただけでなく、「廊下を走ると危ないことがわかったね」とやさしく注意を促す姿が見られました。

第4章 育ちの姿（生活面）の所見文例 139

自主・自律

 よいと思うことは進んで行うことができる子

POINT 自分にとってよいと思うことだけでなく、周りにとってもよいかどうかを判断して進んで行動できているかや、周囲へどのように自分から発信しているかなどの視点を取り入れて、評価しましょう。

日常 進んで学校のためにできることをしていた

○ 学校ボランティアの活動を知ってから校舎内のごみを見つけては拾っている○○さん。誰かにほめられることを期待するのではなく、自分から進んで学校をきれいにしたいという姿はみんなのお手本になっています。

日常 自分でなかなか行動できなかった

△ 先生の指示をしっかりと聞いて行動しています。自分の役割が終わると「先生、次は何をすればいいですか？」とたずねてくれますが、まだ終わってないところを手伝うなど、自ら進んで行動できるといいですね。

学級活動 進んで自分のできることをしていた

○ みんなが楽しめるお楽しみ会にするにはどうしたらいいかを考えながら、時間をかけて台本づくりに励んでいました。常に自分にできることを進んで行動に移すことができる○○さんの姿にはいつも感心させられました。

3 | 自主・自律

❷ 状況に応じた判断ができる子

POINT 自分の意見をしっかりともち、そのとき・その場にふさわしい行動を考えて進んでやりとげていく様子をしっかりと観察し、相手の考えを受け入れる力や軌道修正を図る力等も文面に書き記し、評価するようにしましょう。

日常 時と場に応じた判断ができ、周りの友だちにも伝えられた

○ 遊びに熱中し、チャイムが鳴っても教室に帰ろうとしない友だちに、「次の休み時間に続きをしよう」と声をかけています。○○さんの言動が、クラスのルールの定着につながっています。

学級活動 人の様子をうかがい、消極的になることがあった

△ 何事にも冷静に判断できる○○さん。係活動では、本当はよくないことがわかっていても、友だちの意見に賛成する場面がありました。自分の考えを大切にして、勇気を出して思いを伝えることができるといいですね。

学級活動 学級の実態に合った意見を発信していた

○ 学級に置いた目安箱。「よいところも積極的に書いて、もっと友だちのことを知ろう」と周りの友だちに呼びかけてくれました。○○さんのおかげでお互いに認め合う学級になってきたことをうれしく思います。

学校行事 状況をふまえて自分の意見を言うことができた

○ 校内の○○大会で、友だちの意見を取り入れながらも「学級の状況から考えるとこんな練習をしたほうがいい」と自分の意見をしっかりと伝えました。みんなで練習を重ね、その成果が見事に結果に表れました。

❸ 目標に向かって計画的に最後まで努力する子

POINT 中学年段階では目標を立てる主体が「自分」であることが大きなポイントです。また、立てた目標に対し、「がんばった」ではなく、最後まで粘り強くやり通した姿や過程を評価するようにしましょう。

授業　見通しをもって進めることができていた

○ 課題解決に向けてのとりかかりが早く、見通しを立てて進めることができます。特に、自分でとことんまで追究する姿勢はすばらしく、少々の失敗があっても乗り越えていこうとする気概が伝わってきました。

授業　目標をもち、方法を考えながら取り組んでいた

○ 苦手な計算を克服するという目標をもち、自主学習では必ず計算問題に取り組みました。どうすればうっかりミスを少なくできるか、常に方法を考えながら取り組み、見事にテストの点数に成果となって表れました。

学校行事　自分事として取り組むことができなかった

△ ○○祭りでは、来た人を楽しませようと目標を立てましたが、積極的に役割を果たそうとせず、他人事のように友だちと遊んでいた姿が見られました。自分事として考えて行動できるようになるよう期待しています。

学校行事　行事で学級を牽引してくれた

○ 学習発表会では、リーダーとしてクラスを牽引してくれました。学級のゴール像を示し、ゴールを実現するための方法・方策を打ち立て、みんなと協力し継続して努力し続ける姿は大変立派でした。

3 | 自主・自律

④ クラス行事に積極的に取り組む子

POINT 積極的にクラス行事に取り組む姿・姿勢とともに、自分の考えを伝えているか、友だちと協力して進めているかなどを評価できるように、日頃から子どもの様子をしっかりと見取りましょう。

【学級活動】リーダーとして学級を引っ張っていた

○ クラス遊びの時間では、遊びを多数決で決めたり、お楽しみ会では司会役を進んで引き受けたりしています。学級活動において、友だちからの信頼も厚く、リーダー性を発揮してクラスをまとめてくれる存在です。

【学校行事】行事において、クラスをまとめていた

○ 運動会の学級対抗リレーに向けて、時間や方法について友だちと相談しながら考えました。みんなで協力しながら進められるように練習をリードしたり、チームのやる気を引き出したことが、よい結果につながりました。

【学校行事】行事に積極的に関われなかった

△ いつも落ち着いてクラスの様子を見ている○○さん。お楽しみ会の班の出し物では、勇気を出して自分の思いを伝えたことでよい方向へと向かいました。これからも積極的に行事に関わり、力になってほしいと思います。

【学校行事】自分の考えを積極的に発信していた

○ 音楽会では、学級のよさである「元気」が前面に表れるような振りやポージングを積極的に提案していました。○○さんのおかげで、音楽が苦手な子も「○○さんが考えた振りが楽しかった」という感想を書いていました。

責任感

 係や当番の仕事を最後までやりとげる子

> **POINT**
> 活動が非常に活発になる中学年期。その中で、学級のため、友だちのために自分の言動に責任をもち、誠意をもって取り組んでいた子どもの様子を見取り、最大限の称賛を伝えるようにしましょう。

学級活動 **当番活動に誠意をもって取り組んでいた**

〇 給食の時間が長引いて、まだ食器が教室に残っていても「調理員さんに迷惑がかかるから」と、早く遊びに行きたい気持ちをおさえ、食器担当ではなくても給食当番として最後まで後片付けをしていた姿には感心しました。

学級活動 **言動に責任をもつことができていた**

〇 「もっと学校をきれいにしよう」と呼びかけた〇〇さん。自分の担当場所の掃除が終わっても、他の場所もきれいになるまで丁寧に掃除を続けていました。言動に責任をもつ〇〇さんは誰からも信頼されています。

学級活動 **係や当番の仕事をすぐに忘れていた**

△ 自ら立候補をした黒板係でしたが、友だちと話し込んでしまい、黒板を消すことを忘れることがありました。友だちと仲良しなことは、とてもよいことですが、係活動には責任をもって、最後までやりとげましょう。

4 | 責任感

❷ リーダーシップがあり、友だちから頼りにされている子

POINT 発言力や行動力のある子どもは、それだけで肯定的に評価されがちですが、役割と責任を自覚し、他者の考えに耳を傾けているかが、リーダーとして大切な資質です。しっかりと見取り、評価しましょう。

日常 学級での話し合いを上手にまとめていた

○ 学級の話し合いでは、司会に立候補し、その役割に徹し、友だちの考えを十分に引き出すとともに、その中から理由を大切にしてみんなが納得できるようまとめることができます。司会としての責任感の強さを感じました。

学校行事 班長としてまとめていた

○ 遠足では班行動を行いました。班長として、みんなが楽しめるよう意見を聞きながら、行動していました。マナーがよくない友だちにはやさしく注意をしていました。リーダーとしての役割を十分に果たしていました。

学校行事 リーダーシップが発揮できなかった

△ ドッジボール大会で負けた際、自分からリーダーになったのに他の人を責めてしまうことがありました。何に対しても一生懸命な姿に好感をもちますが、自分の役割としてどうだったのか、振り返る余裕をもちましょう。

学校行事 みんなの考えをもとに話し合いを進めていた

○ 運動会のクラス旗づくりではリーダーを務め、一人一人の意見が反映されるように、意見シートに集約して話し合いを進めていく姿が見られました。○○さんのおかげで学級全員の思いが込められた旗ができあがりました。

第 4 章 育ちの姿（生活面）の所見文例　145

③ 提出物などの提出期限を守る子

POINT 宿題や手紙の提出期限を守っているかいないかは、その子の責任感に対する考え方やあり方が見える観点です。提出物を切り口に、責任感について言及する書き方がよいでしょう。

[日常] 提出期限をきちんと守っていた

○ いつも周りのことを考えて行動していた○○さん。提出物も相手のことを考えて、期日よりも少し早めに出していました。責任感あふれる行動は度々クラスで紹介され、よきお手本となりました。

[日常] 持ち物を点検する習慣が身に付いていた

○ 寝る前に、次の日の持ち物を点検する習慣がしっかり身に付いており、提出物が期日に遅れたことが一度もありませんでした。何事にも真摯に丁寧に取り組むことができる○○さんを象徴する姿です。

[日常] 忘れ物の言い訳をしていたが、改善するよう努力していた

△ 今学期の目標に「忘れ物をしない」と書いた○○さん。忘れ物をした際に言い訳をする姿は残念でしたが、きちんと振り返り、忘れ物をしない方法を考えるなど、次の行動の改善につなげることができました。

[日常] 提出物を忘れることがなかった

○ 宿題や提出物などの提出を一度も遅れずに期日を守って提出することができました。何事も責任感をもって行動する○○さんは、学級のみんなから慕われています。

4｜責任感

❹ 教師が見ていなくても、自分の役割を着実に果たす子

POINT 教師が見ていないところでも黙々と役割を果たせる子は、真の責任感の持ち主かもしれません。最大限の称賛を伝えたいところです。友だちが書き記したものや○○会での報告や発言など、日頃から注意を払って記録することがポイントです。

日常　黙々と自習に取り組んでいた

○　授業が自習になったとき、黙々と課題に取り組み、終わっても自分の苦手な漢字練習を続け、時間いっぱいまで集中して静かに取り組んでいました。友だちが、○○さんのその素敵な姿をこっそりと教えてくれました。

日常　先生の前では、自分の役割を果たすことができた

△　授業中に私語をする友だちに「静かにしよう」と注意することができます。先生が教室を離れると、○○さんも話に夢中になり、注意されても素直に聞けないことがあったようです。自分の発言に責任をもてるといいですね。

日常　自習時間にみんなを注意していた

○　自習の時間にみんなが騒がしくしていると、「先生がいないときでも自分たちできちんとやろう」と注意をしてくれました。自主勉強ノートに多くの友だちが○○さんの行動を称賛の言葉とともに書き綴っていました。

学級活動　みんなのために行動していた

○　「今日のきらきらさん」では、友だちから「体育倉庫の道具が散らかっているのを見て、一人で黙々と整理していた」と推薦されていました。みんなが使いやすいようにという思いをもつ○○さんの姿はとても立派です。

5 創意工夫

発想が豊かで柔軟な子

POINT
発想が豊かで柔軟な子どもは多面的に物事を捉えることができます。その発想や柔軟さがどのように学級によい影響をもたらしているのかをしっかりと見取り、具体的に書き記すようにしましょう。

授業　自分のアイデアを積極的に発信していた

〇 作品展で共同作品を作るとき、クラスの作品の中に他の人が考えないような〇〇さんのアイデアが随所に取り入れられ、みんながわくわくする作品に仕上がりました。〇〇さんの豊かな発想力に感心させられました。

学級活動　係活動に消極的に取り組んでいた

△ お楽しみ係として、いろいろな考えをもっていて発言できますが、友だちの考えを受け入れずに活動内容がまとまらず、うまくいきませんでした。来学期は他の考えも受け入れながらみんなが喜ぶ活動を考えてみてください。

学級活動　多面的に企画を考えていた

〇 企画係では、毎月一度お楽しみ会の内容を考えました。外遊びが好きな人、室内遊びが好きな人、両方の立場に立って、クラスみんなが楽しめるようなプログラムを考え、誰もが満足できる企画となりました。

5 | 創意工夫

❷ クラスや係活動等をよりよくする改善や提案ができる子

POINT 活動などの諸課題を自分事として意識して改善策を提案している姿を見取ります。学級会や係活動での発言や活動、どのような課題意識をもっていたのかを書き記すことで、保護者にわかりやすい評価文になるでしょう。

日常 学級をよりよくしようと、自ら発信していた

○ なかなか定着しない学級のきまり。このままではいい学級にならないと、習慣化するために、週の終わりに達成できたか振り返り、翌週の目標を決めるということを提案しました。学級のきまりへの意識が高まりました。

日常 改善策としての自分の意見を主張して譲らなかった

△ もっとクラスみんなが仲良くなろうと、週に１回クラス遊びをすることになりましたが、「○○遊びしかしない」と譲らないことがありました。課題解決に向け、自分の意見とどう折り合いをつけるか一緒に考えました。

学級活動 係活動で自らの考えを行動に移すことができていた

○ 学級会係では、いつも同じ子しか意見しないことに課題意識をもち、多くの友だちの意見が反映できるよう、話し合う際には必ずグループ活動を取り入れる工夫をし、学級会をより実りある会にすることができました。

学校行事 リーダーシップを発揮し、クラスをよりよくしようとしていた

○ 球技大会で、学級のまとまりのなさを痛感し、このまま終わって後悔したくないと自分事として考えた○○さん。「もっと声を出そうよ」「練習しようよ」と何度もクラス全体へ声をかけ、よりよい方向へと導きました。

第4章 育ちの姿（生活面）の所見文例 149

❸ 学習したことを生活に生かそうとする子

POINT　「主体的に学習に取り組む態度」などの三つの評価の観点においても大切にしていきたい子どもの姿です。学習したことを活用する場面は多岐にわたります。常にアンテナを張り、発言や行動など見逃さずに記録しましょう。

日常　話が時々伝わらないことがあった

△　○○さんの話はいつもクラスに明るい雰囲気をもたらしています。一方で、授業の発言では時々相手にうまく伝わらないこともありました。国語の時間で学習した「話し方」を取り入れて発言に生かしてみましょう。

学級活動　給食準備の方法を見直し、よりよい方法を提案していた

○　給食の配膳をなくし、自分たちでご飯やおかずをよそうシステムを提案しました。算数で学習した、クラスの人数で分けた一人分を、それぞれが考え、以前より早く食べる準備ができました。

学級活動　国語で身に付けた構成を台本作りに生かしていた

○　国語で学習した「はじめ・なか・おわり」の文章構成をうまく活用して、学級劇の台本を作りました。お笑いの要素も取り入れ、他の人が思いつかないような展開を考えました。当日は大盛況に終わりました。

学級活動　音楽で学習したことをアレンジして発表していた

○　音楽の時間に合奏した曲を教室でも使える楽器を使った合奏にアレンジして、お楽しみ会で発表することができました。ピアノを鍵盤ハーモニカに、大太鼓をタンバリンに変えるなど、うまくアレンジできていました。

5 | 創意工夫

❹ 自分に合った方法を見つけ出すことができる子

POINT 自分を見つめ、自分のことを客観的に見ることができているということです。その子が自分とどのように対峙しているのかなど、書く際には活動のみならず、その過程についても少し触れてみるとよいでしょう。

日常 自分の学習方法を確立できていた

○ 自主学習ノートを見ると、ドリル学習をした後は自分で正答を確かめ、間違ったところは再度解き直すなど、自分の学習方法がきちんと身に付いています。

日常 整理しやすい自分なりの方法を見出していた

○ カード類は輪ゴムで留めたり、折り紙は専用の袋に入れたりすることで、バラバラにならないように工夫するなど、日頃からよく考え、課題意識をもって整理することができています。

日常 自分の学習方法がうまくつかめなかった

△ ドリルの同じページを繰り返すなど、努力する姿は見えました。しかし、テストなどの結果につながらず、悔しい思いをしました。繰り返すだけでなく、間違いを見返し、次の課題に合った学習法を見出していきましょう。

日常 自らの課題を自覚し、解決する方法を考えて実行していた

○ 1日にすべきことをチェックリストにまとめ、やり終えたものから順にチェックを入れる姿を何度も目にしました。見通しをもつという課題を自覚し、課題解決の方法を考えて実行に移していて、とてもすばらしいです。

第4章 育ちの姿(生活面)の所見文例

思いやり・協力

❶ 男女の区別なく、友だちと協力し合って活動する子

POINT 気の合う仲間との関係から、誰とでも行動できる仲間関係へと変容していくことが期待できる中学年期。その姿をしっかりと見取りながら仲良く助け合って活動することのよさを言葉にしましょう。

日常 男女混合でドッジボールを楽しんでいた

○ ドッジボールでは、どのように工夫したら得意な子も苦手な子も助け合いながら楽しめるかを考えました。ボールを回したり、投げ方を変えたりすることを提案して、一層みんなが仲良くなりました。

授業 みんなに相談することができていた

○ 校区地図作りでは、担当する分担を決めましたが、どうしたらいいか、常に相談し合いながら仕上げていきました。気の合う友だちだけではなく、みんなで助け合いながら活動していた姿はとても素敵でした。

授業 誰とでもペアを作り、学ぶことができていた

○ 外国語活動のときに、ペアを作って取り組む機会がありました。そのときには、男女関係なく取り組んだことのない子とペアを組み、いろんな友だちと助け合って学ぶことができていることに感心しました。

6 | 思いやり・協力

❷ みんなのことを考えながら進んで活動している子

POINT 自分の思いや都合だけでは学校生活は成り立たないことに気づいている子どもたちだからこそ、相手の気持ちを考えて理解して行動している姿を見取り、大いに称賛しましょう。

授業 先のことを考えながら、よりよい方法に取り組んでいた

○ 国語の授業で司会・記録・発表に分かれて話し合い活動をしました。記録係だった○○さんが、発表が苦手な友だちのことを考え、伝えやすいように色を変えながらまとめていることにとても思いやりを感じました。

学級活動 友だちのことも考えておかわりすることができていた

○ 残っていたおかずをおかわりしようとしたとき、自分が欲しい分だけ取るのではなく、「他にもおかわりしたい人いる？」と確認し、希望するメンバーで分け合っている姿がすばらしいと思いました。

学級活動 自分に都合のいい提案を通そうとしてしまった

△ 係活動を決めるとき、自分がやりたいことができるように、都合のいい決め方を提案していました。でも、友だちに「それってみんなは嫌じゃない？」と言われて考え直し、納得することができていましたね。

学級活動 友だちの希望を優先させていた

○ 掃除の担当場所を決めるときに、友だちの希望を聞いて、周りと重ならないようにしながら希望を伝えていました。そのおかげで、みんなで気持ちよく掃除をすることにつながりました。

❸ 相手の立場に立って考えることができる子

POINT 行動範囲が広がり、仲間意識が高まる中学年期。だからこそ、しっかりと相手の立場や状況を理解した上で、広い心で行動していくことが大切です。そんな姿をしっかりとほめたいですね。

日常 泣いている友だちにずっと寄り添っていた

○ 泣いている理由をなかなか話さない友だちに、いつもと様子が違うという状況を理解し、何も言わずにずっと寄り添っていました。しばらくして友だちが気持ちを話し始めました。友だちはどんなに心強かったことでしょう。

日常 すべての友だちとできる方法を考えていた

○ 体を素早く動かすことのできない友だちも入ってじゃんけんをするとき、周りの子に「ゆっくりじゃんけんしようね！」と声をかけ、公平にじゃんけんを進める姿に感心しました。

学級活動 友だちが話すタイミングに合わせていた

○ ○○さんが帰りの会の司会をしていたときに、お知らせを言ってもらう場面で、緊張してなかなか言い出せない子がいました。そのとき、「ゆっくりでいいよ！」と何気なく声をかけていて、その子もほっとした様子でした。

学級活動 希望がかなわなかった友だちの気持ちも考えた

○ 係活動を決めるときに、希望が重なった場合はじゃんけんで決めることになりました。負けた友だちの気持ちも考えて、勝った喜びを表に出さなかった○○さんはすごいなと思いました。

6 | 思いやり・協力

❹ 困っていたり一人で過ごしていたりする友だちにやさしく声をかけられる子

POINT 学習・生活面等で成長に大きな個人差が現れる「9歳の壁」。困っている友だちに寄り添い思いやりある行動を取ることを期待したいものです。そんな具体的な姿を伝えられるように、子どもの様子を記録しておくとよいでしょう。

【日常】転校生に進んで声をかけていた

○ 2学期に転校してきた友だちが、早く新しいクラスに慣れるようにと「わからないことはない？ 何でも聞いてね」とやさしく声をかけていました。勇気が必要だったと思いますが、友だちはとても安心して喜んでいました。

【日常】自分とは違う受け止め方をする子がいることを知ってほしい

△ ○○さんにとっては小さいことで悩んでいる友だちに、「そんなこと気にするなよ」と伝えていました。いろんな受け止め方をする友だちがいるので友だちの思いにもう少し耳を傾けてみるとよかったかもしれませんね。

【授業】練習問題が解けるようにサポートしていた

○ 練習問題をやり終えた後に「ミニ先生」として、まだがんばり続けている友だちのサポートに回っていました。答えを教えるのではなく、さりげなくヒントを重ねている○○さんの教え方の上手さに感心しました。

【学校行事】学習発表会本番、臨機応変に助けてあげていた

○ 学習発表会の本番、担当している言葉を緊張して忘れてしまった友だちに、○○さんが隣から小さな声でつぶやいて教えていました。そっと助ける姿がとても素敵でした。

7 生命尊重・自然愛護

① 自然・動植物に対する関心が高く、自ら関わろうとする子

POINT
自分の周りが見えてきつつある中学年。自然や動植物に興味をもつだけではなく、その魅力にも気づき、変化やすばらしさに感動する子どもの姿を具体的に記しましょう。

日常 学校の動物と進んで触れ合っていた

○ 中庭にいるうさぎやニワトリに興味があり、よく見に行っていました。「日によって動くスピードが違うんだよ」とその変化に気づき、抱かせてもらって生き物の温かさや鼓動に感動していました。

授業 授業で学んだことを日常生活の中で見つけていた

○ 理科の授業で昆虫の成長について学んだときに、家の近くにテントウムシの幼虫がいたともってきてくれました。クラスで大切に育ててじっくりと観察し、教科書にある記述と同じように育つことに感動していました。

学校行事 道に生えている植物に興味をもち始めた

○ 遠足に行ったとき、道に生えている植物を見て「この草の名前、何？」と聞いていました。学校に戻ってからも草花について調べていました。自然の片隅に生えている生き物に興味をもてる○○さんは素敵です。

7 | 生命尊重・自然愛護

❷ 動植物の命を大切にし、進んで世話ができる子

> **POINT**
> 理科の授業や係活動の一つとして、教室でも動植物を育てることがあります。命あるものとして積極的に愛情と責任をもって育てて、自他の命を大切にしようとしている子どもの姿をしっかりと認めたいです。

日常 ゴーヤの水やりを進んで行うことができていた

○ ゴーヤのカーテンを作るという目標をもって苗を植えました。班ごとに水やりをすることになりましたが、全員そろわなくても、必ず時間どおりに水やりをし、「大きくなーれ」と愛情をもって育てていました。

授業 生き物の飼育係として責任をもって育てていた

○ 理科の授業でカイコを飼いました。飼育係として、毎朝いつもよりも早く登校して、くわの葉をあげていました。責任をもって大切な命を育てている姿がすばらしかったです。

学級活動 水替えなど、大変なことは友だちに任せてしまっていた

▲ おうちからメダカを持ってきてみんなに見せてくれました。教室で飼うことになりましたが、水替えは友だちに任せていました。小さくても命あるメダカです。大変なことも一緒にできていたら、もっとよかったですね。

学級活動 「えさやり表」を作ってしっかり育てていた

○ 2学期から教室でザリガニを飼うことになりました。登校すると、「おはよう!」と声をかけながら、えさをあげていました。えさをやりすぎてはダメだからと、「えさやり表」を友だちと作っていました。

第**4**章 育ちの姿(生活面)の所見文例 157

③ 自分の誕生に感謝し、生きる喜びと命を大切にしている子

POINT 人間は生き返ると信じている子もいる時代。自分の生命は多くの人から望まれ支えられ育まれてきたんだと、生命のすばらしさに感動する機会を作ることで、自分のことをさらに大切にしようとする子どもが育つと思います。

日常 学んだことを意識し、自他ともに大切にしようとした

○ 自分の誕生も、友だちとの出会いも、ものすごい偶然であり、奇跡であることを学習しました。授業の振り返りから、自分も周りの人ももっと大切にして、支え合って生きていきたいと強く思ったことが伝わってきました。

日常 言葉づかいが乱暴になってしまうことがあった

△ カッとなってしまったときの○○さんの言葉が気になりました。本当はそう思っていなくても、相手は深く傷ついていることがあります。命を大切に思う気持ちをもっているのだから、言葉には気をつけましょう。

学級活動 小さい頃の自分を知り、もっと自分を好きになった

○ 夏休みにおばあちゃんに出会って聞いた、小さい頃の自分のことをまとめて発表していました。父母だけでなく、たくさんの人が自分の誕生を楽しみにしてくれていたことを知り、自分のことをもっと好きになりましたね。

学校行事 自分の小さい頃のことを知り、おうちの人へ感謝を伝えた

○ 2分の1成人式に向けて、おうちの人に小さい頃のことを聞き取りました。誕生を心待ちにしていたこと、成長に多くの人の支えや願いがあったことを知りました。発表では感謝の気持ちを泣きながら家族に伝えていました。

7 | 生命尊重・自然愛護

❹ 年下の子どもやお年寄りにやさしく接することができる子

POINT 年下の友だちと関わる機会を作ると、とても頼もしい素敵な姿が見られ、あらためて成長を感じます。またお年寄りとの出会いでは、その様子に合わせた温かい言動が期待されます。そんな瞬間を言葉にしましょう。

日常 低学年の友だちに積極的に声かけできなかった

△ 4年生は、二つに分けると高学年です。低学年の友だちと一緒に過ごしていますが、気になることがあっても声をかけるのは恥ずかしいようですね。少し勇気を出して、お話をしてみると楽しいかもしれませんね。

授業 お世話になった地域の人にできることを考えた

○ 地域探検をしたときに、高齢者施設を訪問しました。準備を進めているときに「見学させてもらった後に何かお礼がしたい」と○○さんが案を出してくれたことで、利用者の方に歌をプレゼントすることができました。

学級活動 お年寄りに気持ちの込もったはがきを書いた

○ 地域の一人暮らしのお年寄りにはがきを書きました。カラフルに丁寧な字で温かい言葉を書いたはがきを受け取った方は感激され、わざわざお礼のお返事までくださいました。○○さんの気持ちがしっかりと届きました。

学校行事 地域の行事で積極的に発表した

○ 地域の敬老の集いに参加したとき、学年代表としてお祝いの気持ちを堂々と伝えていました。また笑顔で目を見てお話をしたり、そっと手を添えて一緒に歩いたりしたことが、お年寄りにはとてもうれしかったようです。

第4章 育ちの姿(生活面)の所見文例

勤労・奉仕

❶ 働くことの大切さを知り、一生懸命取り組んでいる子

 手伝いが好きなだけではなく、働くことの大切さを知って行動できることは中学年ではとても大切な視点です。みんなのために働いている一生懸命な姿を見つけ、認めて、働くことが好きな子どもを増やしたいです。

学級活動　時間割係として責任をもって取り組んでいた

○ 時間割係として、放課後には必ず明日の時間割に変えて帰ってくれていました。変わっていないと翌日みんなが困ることを理解しているからこそ、欠かさず行うことができるのですね。

学級活動　自分の仕事を精一杯取り組んでいた

○ 掃除の時間になると、きれいにすることにやりがいを感じ、雑巾の仕事に一生懸命取り組んでいました。友だちとしゃべらず、隅の方まで黙々と拭く姿は学級のよき見本となりました。働くことの意義を理解したようです。

学級活動　給食当番の仕事をしながら違うことに気がいってしまった

△ 給食当番として、配膳をするときに当番ではない子とついしゃべってしまうときがありました。そのときも周りは一生懸命にやっていることに気づいてからは、少しずつ一生懸命さが見られるようになりました。

8 | 勤労・奉仕

❷ 人の嫌がるような仕事でも進んで行っている子

> **POINT** 人の嫌がる仕事も、誰かがやらないといけません。そのような仕事でも進んで行うことができるような子どもを増やしていくことが中学年期では重要です。そんな姿を見逃さずしっかりと見取り、大いに称賛しましょう。

日常 ボールの片付けを友だちに任せてしまっていた

△ 休み時間が終わりチャイムが鳴ると、目の前にボールがあるのに、自分はすぐに帰って、片付けを友だちに任せていました。面倒くさがらずに、みんなのボールを自分から進んでもって帰る習慣をつけるとよいですね。

日常 休み時間を使って教師の手伝いを進んで行ってくれた

○ 廊下に掲示している作品を外す作業を、休み時間に快く手伝ってくれました。○○さんが進んでやっているのを見て、他の子も真似し、あっという間に作業が終わりました。ありがとう。

授業 体育館の鍵を進んで取りに行っていた

○ クラスみんなで整列して体育館に行ったときに、体育館が開いていないことに気づくと、進んで2階の職員室まで行って鍵を取ってきてくれました。サッと動く○○さんに感心しました。

学級活動 黙って人のために行動できていた

○ 手洗い場の掃除では、排水口をしっかりと洗っていました。給食のおかずがあっても、何も言わず丁寧に黙々ときれいにする姿は立派です。○○さんのおかげで、みんなが気持ちよく過ごせています。

❸ 黙って人のために行動できる子

POINT 黙々と人のためにがんばれる子どもは、働くことの大切さや意義を知り、またそのやりがいを感じています。なかなか誰もができないこの具体の姿を認め、称賛し、一層自信をもたせたいですね。

日常　欠席している友だちのことも忘れずにできることをしていた

○　欠席した友だちのために、朝からコツコツと「連絡カード」を書く○○さんのやさしさがすばらしいと思いました。自分が休んだときに困った経験を友だちにはさせたくないと言っていました。そう考える姿勢が素敵です。

日常　友だちが困っていると感じて、手伝ってあげていた

○　ふたの空いていた筆箱を落としてしまった友だちが、たくさん散らばった文具を拾おうとするのを、そばまで行って黙々と手伝ってあげていました。そのやさしさに友だちも喜んでいました。

授業　誰でもできる仕事を、自分から進んでしようとしていた

○　「プリントを集めてください」と言われたときに、いつも自分から進んで周りの友だちの分も集めていました。「ありがとう」と言われることがやりがいにつながり、みんなのために働きたいと思う原動力となっています。

学級活動　「面倒くさい」とつい言ってしまっていた

△　体育係としてCDデッキをもって行くときに、「面倒くさ～い」と言いながらやっていました。結局はきちんと役割を果たしきる○○さんなので、ネガティブなことを言わずにがんばれるようになるともっとよいですね。

8｜勤労・奉仕

❹ 自分の仕事だけでなく、進んで友だちの仕事を手伝っている子

> **POINT** 社会的視野の広がりを見せる中学年期だからこそ、自分のことだけではなく、常に学級全体を見わたして進んで行動できる子どもを育てることは重要です。具体的な姿を見逃さずに見取り、しっかりとほめたいですね。

[授業] ○ 他のグループの新聞作りも手伝っていた

クリーンランドへの社会見学を終えたとき、グループに分かれて大型新聞を作りました。自分のグループは作り終えたので、他のグループに行って「何か手伝おうか？」と声をかけていました。とても感謝されていました。

[学級活動] ○ 残っている仕事を見つけたら進んで協力していた

給食当番で、自分が担当しているおかずの配膳が終わり、自分が使っていた片付けを終えた後、損得を考えずに進んで他のおかずの配膳を手伝いました。その姿は立派で、みんなから信頼されています。

[学級活動] ▲ 自分の分担が終わった後、友だちを手伝わなかった

配り係として分担して配っていました。自分の担当する量を終えたら着席していました。周りを見てみると、まだ仕事を続けている子がいましたね。少しでも手伝ってあげると、同じ係としてさらに協力できますね。

[学級活動] ○ 早く終わったロッカーの片付けを手伝っていた

クラスみんなでロッカーを整理したときに、まだ終わっていない友だちの手伝いもしていました。そのときに、きれいに片付ける自分なりの方法を伝えていて、それが他の友だちにも広がっていました。

第4章　育ちの姿（生活面）の所見文例

9 公正・公平

❶ 一方の意見にとらわれず、落ち着いて判断ができる子

> **POINT**
> 全体で何かを判断する場面では、一つの考えのみにこだわって決めようとする子は少なくありません。様々な意見があるとき、それぞれの立場に立って、多面的に判断している子を見取り、その姿を評価しましょう。

日常　けんかしている友だちの両方の話を聞いていた

○ けんかしている友だちの間に入って、どちらの意見も丁寧に聞くようにしていました。その上でそれぞれの立場に立って考えるとどう思うかを一緒に考え、両者を納得させていました。

学級活動　どんな子の意見も平等に聞こうとしていた

○ お楽しみ会を開くことになり、班でどんな出し物をするかを考えるとき、いろんな意見が出されました。仲の良い子が言う意見だけに流されることなく、よりよいほうはどちらか様々な角度から真剣に考えていました。

学級活動　どんな遊びをするかを友だちと決めることができた

○ クラス遊びで何をするかということを決めるときに、案がたくさん出されました。「それぞれの理由を言ってください」と根拠を明確にしながら話を進め、最終的には平等に多数決で決めて、意見を上手にまとめました。

9 | 公正・公平

❷ 仲間はずれやいじめを許さない子

> **POINT** 学校生活を送る中でいろいろな価値観をもった人たちと生活するよさを味わわせることが、社会で様々な人とうまく協働していくことにつながります。仲間はずれやいじめは絶対に許さないという子どもを育てたいです。

日常 二人きりでコソコソと話をする雰囲気を否定して伝えた

〇 コソコソと話をしている友だちに、そうすることで嫌な思いをする人がいるからよくないと、しっかりと伝えていました。クラスとして仲間はずれを許さない、気持ちのいい雰囲気を作ることができました。

日常 仲の良い子に固執してしまっていた

△ グループを決めるときに、特に仲の良い友だちと一緒になりたいと主張する姿が気になりました。〇〇さん自身に力があるので、どんな友だちとも上手に学んでいけます。2学期は新しい友だちとも関わってみましょう。

日常 クラスの気になることを出し合い、よりよくしていこうとした

〇 正義感が強く、クラスの中で気になることがあれば必ず相談してくれました。それがきっかけとなって、クラスみんなが気持ちよく過ごすにはどうしたらよいのかを学級会で考えることができました。

学校行事 よくない行動にきぜんとした態度で注意した

〇 遠足に行った際、公園でボール遊びをしました。一人が集中して何度もボールを当てられる姿を見て「これは遊びではない」と強い口調で注意しました。〇〇さんの勇気のおかげで、楽しく遊びを続けることができました。

③ 自分に悪いところがあれば素直に認め、改めようとする子

POINT 自分のよくないことを指摘されると言い訳や言い逃れをし始める中学年期。しかし素直に認められる人は、友だちにも寛容になれ、違いを尊重することができます。そんな子どもであふれる学級にしたいものです。

日常 自分も友だちもよりよくなるように行動できた

○ 自分自身に厳しく、悪いところや注意されたところは素直に直そうとする○○さんの姿勢はすばらしいです。みんなに信頼されているからこそ、友だちにも気になるところを伝えることができました。

日常 日直を一緒に組む相手への不満を口にした

△ 日直がくじで決まったときに、一緒にやる相手がわかった瞬間、思わず「えぇ〜」と言ってしまいました。周りの友だちに、「そう言われたら、みんな嫌だと思うよ」と注意されると、すぐに素直に謝っていました。

日常 周りに注意されながらチャイム着席を守るようになった

△ 「チャイム着席」というクラスで決めたルールを守れず、友だちに注意されることが何度かありました。注意されたときには嫌がらずに着席できるので、自分からできるようになるとよいですね。

授業 ノートのマスに文字をおさめる努力をした

○ 自分の考えをたくさん持っていて、考えや思いをたくさん書くことができています。行やマスを無視して文字が乱れてしまうことがありましたが、少し話をしたらすぐに気をつけようと努力する姿に感心しました。

9 | 公正・公平

❹ 自分の考えと違っても決まった意見に従うことができる子

POINT 仲間意識が高まり、集団的な行動を取るこの時期の子どもたちにとって、みんなで決めた意見にみんなで従うことはとても大切なことです。それが自分の考えと違った場合、柔軟に対応する力を備えておきたいですね。

日常　好きなことよりも決まったことを優先させることができた

○ 休み時間には教室で絵を描いて過ごすことが好きな◯◯さんですが、火曜日はクラス遊びをしようと決まると、積極的に外に出て友だちと楽しんでいる姿がありました。好きなことが増えるかもしれませんね。

日常　自分の希望した遊びでしか楽しみを見出せなかった

△ 休み時間にクラスみんなで◯◯をして遊ぶことになりました。しかし「前にやって楽しくなかったから」という理由で、遊びに行きませんでした。同じ遊びでもまたやってみると違う楽しさが見つかるかもしれません。

授業　望まなかった調べ学習のテーマだが、進んで取り組んだ

○ 社会科でたくさんのテーマの中からグループに分かれて調べ学習を行いました。全体で決まったものは自分たちの希望したテーマではなかったのですが、決まったときには気持ちを切り替えて全力で行っていました。

学級活動　クラスのルールを守り、よりよくしていった

○ クラスのルールを出し合って、決まったことを進んで守ろうと意識している姿がありました。さらに、学期の途中でもっとこんなルールがあったほうがいいんじゃないかということを提案して、よりよくしていきました。

第4章　育ちの姿(生活面)の所見文例

公共心・公徳心

❶ 人に迷惑をかけないように　約束やきまりを守って生活できる子

> **POINT** 行動範囲が広がり、集団生活を充実させるためには、約束やきまりを守り、迷惑をかけないように心がけて、のびのびと生活することが大切です。具体的な場面を捉えて記述し伝えましょう。

日常 毎月の生活のきまりを正しく理解し、守ろうとしていた

○ 毎月全校朝会で示される生活目標をしっかりと聞いていて、常に意識して守ろうとしていました。月末の反省では「しっかりと守れた！」と自信をもって手を挙げるなど、いつものびのびと生活している姿が印象的でした。

日常 持ち物、提出物がしっかりそろっていた

○ 1学期間を通し、忘れ物がほとんどありませんでした。その結果学習もスムーズに進み、提出物も確実に出せていたことで、自分自身も気持ちよく過ごすことができたと思います。これからも意識して続けていきましょう。

日常 クラスで遊ぶ約束を守ることができなかった

△ 「火曜はクラスみんなで遊ぼう」と約束をしたのに、来なかった○○さんをみんな待っていました。これからは友だちに心配をかけないように理由を伝えるなど、みんながよりよい過ごし方ができるようにしたいですね。

10 | 公共心・公徳心

❷ 友だちにもきまりを守るように呼びかける子

> **POINT** 集団生活においては、一人だけできまりを守っていても効果がありません。それぞれ一人一人がよりよい生活を送るためには、みんなできまりを守ろうと互いに声をかけ合うことが必要です。

日常 靴を履き替えるところで、周りの子のことも気にしていた

○ 体育館シューズに履き替えるべきところで、できていない友だちがいて前に進めず困ることがありました。「迷惑になっているよ」とさりげなく声をかけ、クラス全体できまりをしっかりと守るよう呼びかけていました。

授業 みんなに声をかけて、集中できる雰囲気を作っていた

○ グループ学習をした結果を交流する場面で、教室中にザワザワしている雰囲気がまだ残っていました。その時、○○さん含めて複数で「静かにー！」と声を挙げたことで、一気に友だちが発表しやすい雰囲気に変わりました。

学級活動 班長として、グループのみんなに大事なことを伝えていた

○ 掃除の班長となりました。毎日の反省会で、時間いっぱいやること、道具を元どおり片付けることを必要なときに伝えることで、グループ全体としていつもしっかりと掃除に取り組むことができていました。

学級活動 きまりを守る心地よさを経験していくことができた

△ はじめは自分の都合でルールを守れないときもありましたが、遊び係としてみんなを引っ張っていく経験を通して、きまりを守る心地よさを感じていったようです。続けていきましょう。

③ 校外学習や遠足などで公共のマナーをわきまえて行動している子

POINT 学校を離れる行事では、何度経験しても自分の気持ちをコントロールすることが難しい子もいるようです。公衆のマナーを守り、周りの人に迷惑をかけずに過ごすことが当たり前となっている姿を積極的に評価します。

〔学校行事〕正しいことを友だちにも伝えることができていた

○ 社会見学に出かける際、2列に並んで行きました。途中、話に夢中で列が乱れてしまうときがありました。そのときに○○さんが後ろから、「ちゃんと並ぼう！」と声を出してくれることで、安全に歩くことができました。

〔学校行事〕お年寄りや妊婦さんなどに、席を譲ることができた

○ 電車で座っているときに、妊婦さんが乗ってきました。一緒に座っていた友だちとすかさず席を立ち、譲っていました。それを見ていた周りの友だちもその勇気に感心していました。

〔学校行事〕遠足で気をつけるマナーがよくわかっていた

○ 遠足の前日、気をつけるべきことを伝えようとすると、○○さんが2年生のときにみんなで考えたマナーを伝えてくれ、みんなも思い出しました。当日は周りに迷惑かけることなく行動でき、マナーが定着していました。

〔学校行事〕マナーを意識できるように指導した

△ ごみ処理場見学では、とても熱心に展示物を見たり、触ったりしていました。一生懸命になるあまり、触ってはいけないものも触ってしまい、注意を受けていました。マナーをわきまえて見学する姿勢を次に期待します。

10 公共心・公徳心

❹ 国や郷土の文化を大切にし、愛する心をもつ子

POINT 中学年期は、地域での生活が活発になるのに伴い、その特色にも目が向けられ、すばらしさを実感します。さらに視野を広げて、我が国の伝統文化について理解を深め、親しむ気持ちを育てることがポイントです。

日常 地域のお祭りに積極的に参加していた

○ 秋祭りでは、低学年からあこがれていた、地域で長く続くみこし太鼓に乗ることができました。「おうちの人に見てほしい」と練習のときから張り切っていました。本番も楽しんで成果を出すことができていました。

授業 百人一首に興味をもち、授業で学ぶ以上に取り組んでいた

○ 百人一首を学習したときに、昔の言葉の言い回しやそれが示す意味についても興味をもち、図書館で進んで調べる姿が見られました。休み時間も友だちと百人一首を楽しんでいる姿が印象的でした。

学級活動 行事に興味をもって、進んで調べていた

○ 図書館で紹介されたことをきっかけにして、お正月の伝統的な行事に興味をもち、自ら調べていました。地域のしめ縄作りや餅つきにも参加しました。冬休み新聞には、おうちでのお正月の様子を含め丁寧にまとめました。

学校行事 民舞を知って積極的に取り組むようになった

△ 運動会で民舞を踊りましたが、「リズムダンスがよかった！」と積極的に取り組めませんでした。民舞にはたくさんの思いが込められていることを知ってからは、その思いを表現しようと必死に練習に臨みました。

◆ 監修者

梶田 叡一 （かじた・えいいち）

京都大学文学部哲学科（心理学専攻）修了。文学博士。国立教育研究所主任研究官、大阪大学教授、京都大学教授、兵庫教育大学学長、環太平洋大学学長、奈良学園大学学長などを歴任。中央教育審議会元副会長、教育課程部会元部会長。現在、桃山学院教育大学学長、学校法人聖ウルスラ学院理事長、日本語検定委員会理事長、中央教育審議会初等中等教育分科会委員。著書に『人間教育のために』『〈いのち〉の教育のために』（以上、金子書房）、『教師力の再興』（文溪堂）他、多数。

◆ 編著者

古川 治 （ふるかわ・おさむ）

大阪府箕面市立小学校教諭、箕面市教育委員会指導主事、箕面市教育センター所長、箕面市立小学校校長、箕面市立中学校校長、東大阪大学教授、甲南大学教職教育センター教授などを経て、現在、桃山学院教育大学客員教授、日本人間教育学会顧問、日本教師学学会監事、いのちの教育実践研究会理事長。中央教育審議会元専門委員。著書に、『自己評価活動が学校を変える』（明治図書）、『ブルームと梶田理論に学ぶ』（ミネルヴァ書房）、『21世紀のカリキュラムと教師教育の研究』（ERP）他、多数。

陸奥田 維彦 （むつだ・しげひこ）

大阪府箕面市立小学校教諭、豊中市立小学校教諭を経て、箕面市教育委員会指導主事、箕面市立小学校、中学校教頭、箕面市教育センター所長を経て、現在、箕面市立箕面小学校校長。「小中学校に共通した授業スタンダードの創造」「若手教員育成」等の研究を行い、市内外の研究会、研修会で講義・講演を多数行う。「宮古島市立小中一貫教育学校結の橋学園教育課程基本構想」アドバイザーを務める。著書に『子どもの成長をしっかり伝える　通知表所見の文例＆ポイント解説』（共著、学陽書房）『教育フォーラム64』（共著、金子書房）他。

◆ 文例執筆者 (50音順、所属は2019年11月現在)

南波 明日香 （大阪府豊中市立螢池小学校教諭）

日野 英之 （大阪府箕面市教育委員会指導主事）

南山 晃生 （大阪府箕面市立東小学校校長）

六車 陽一 （立命館小学校主幹）

龍神 美和 （大阪府豊能町立東ときわ台小学校教諭）

子ども・保護者にしっかり伝わる
通知表所見　文例と書き方
小学校中学年

2019年12月12日　初版発行
2020年11月10日　２刷発行

監修者　梶田　叡一
編著者　古川　治・陸奥田　維彦
発行者　佐久間重嘉
発行所　学 陽 書 房

　　　　〒102-0072　東京都千代田区飯田橋1-9-3
　　　　営業部／電話　03-3261-1111　FAX　03-5211-3300
　　　　編集部／電話　03-3261-1112
　　　　http://www.gakuyo.co.jp/
　　　　振替　00170-4-84240

ブックデザイン／スタジオダンク　DTP制作・印刷／精文堂印刷
製本／東京美術紙工

ⒸEiichi Kajita 2019, Printed in Japan
ISBN 978-4-313-65383-2 C0037
乱丁・落丁本は、送料小社負担でお取り替え致します

JCOPY 〈出版者著作権管理機構 委託出版物〉
本書の無断複製は著作権法上での例外を除き禁じられています。
複製される場合は、そのつど事前に、出版者著作権管理機構（電話
03-5244-5088、FAX 03-5244-5089、e-mail: info@jcopy.or.jp）の
許諾を得てください。

◎好評既刊◎

自己評価、教科別評価、テストの改善など具体的な方法がわかる！

新学習指導要領に対応した学習評価について、豊富な実践資料でわかりやすく解説。「自己評価や相互評価の方法は？」「単元テストや定期考査はどのように改善する？」そんな疑問や不安をスッキリ解消する情報満載！

実践事例でわかる！
アクティブ・ラーニングの学習評価

田中博之［著］
A5判並製／定価＝本体2,000円＋税